快乐课堂系列

语文原来是这样

杨思思　主编

YUWENYUANLAISHIZHEYANG

时代出版传媒股份有限公司
安徽科学技术出版社

图书在版编目(CIP)数据

语文原来是这样/杨思思主编. —合肥:安徽科学技术出版社,2014.3
(快乐课堂系列)
ISBN 978-7-5337-6159-2

Ⅰ.①语… Ⅱ.①杨… Ⅲ.①汉语-青年读物②汉语-少年读物 Ⅳ.①H1-49

中国版本图书馆 CIP 数据核字(2013)第 240547 号

语文原来是这样 杨思思 主编

出 版 人:黄和平 选题策划:教育图书发展部 责任编辑:张 硕
责任印制:梁东兵 封面设计:红十月工作室
出版发行:时代出版传媒股份有限公司 http://www.press-mart.com
安徽科学技术出版社 http://www.ahstp.net
(合肥市政务文化新区翡翠路 1118 号出版传媒广场,邮编:230071)
电话:(0551)63533330
印 制:北京一鑫印务有限责任公司
(如发现印装质量问题,影响阅读,请与印刷厂商联系调换)

开本:705×960 1/16 印张:12 字数:220 千
版次:2014 年 3 月第 1 版 2014 年 3 月第 1 次印刷

ISBN 978-7-5337-6159-2 定价:29.80 元

前　言

“语文”在《现代汉语词典》中解释为“语言和文字”，也指“语言和文学”。而在整天接受应试教育的青少年的眼中，语文可能意味着一道接一道的辨正字音、解释词语、修改病句这些总是做不对的考题，以及时刻被老师和父母紧盯着的起起伏伏的分数，因此对语文毫无兴趣。可是语文真的是乏味的吗？当然不是！真正的语文是一本永远读不完的百科全书、一个折射人生的多彩世界、一棵枝叶繁茂硕果累累的知识大树、一扇探寻人类心灵的窗口、一种抒发情感的途径、一个传承人类文化的载体。本书就将通过一个个生动有趣的小故事，引领青少年朋友走出语文应试教育的泥沼，重燃对语文的兴趣，领会语文之美。

爱因斯坦曾说：“兴趣是最好的老师。”青少年对故事有着天然的兴趣，本书希望青少年在一个个语文故事中体味语文的美丽。本书从成语、汉字、诗词、对联、俗谚、谜语、名家七大方面讲述有趣的语文故事：成语精辟典雅，青少年将在故事中了解成语的出处渊源、涉及的历史人物典故，在评古论今中将成语熟记于心；汉字是文字中的明珠，青少年将从仓颉造字到古今名人对汉字的趣味解释中发现无尽的乐趣与奥秘；“腹有诗书气自华”，诗词是中华文化的精髓体现，青少年将从诗词故事了解文人的个性与轶事，诗词曲赋在不经意间即能熟练诵读；对联精巧别致，故事妙趣横生，当青少年为故事中的对联拍案叫绝时，其中的修辞技巧也能掌握一二；俗语俚谚诙谐幽默、充满民间智慧，谜语结构精巧、富有内涵，在一个个口口相传的故事中，青少年会重新发现语文之趣；而在文学名家的逸闻轶事中，青少年不仅能领略名家的风采，更能学习名家著书治学时勤奋严谨的精神。

为了让青少年在阅读故事的同时知识还能有所拓展，本书还在每个语文故事后开设了“举一反三”、“引经据典”、“语文之趣”、“文海拾贝”、“异曲同工”、“勤学好思”小栏目，这些小栏目与语文故事紧密相连，寓教于乐，“学而不思则罔，思而不学则殆”，希望青少年在读过有趣的故事后能学到相关知识，开动脑筋思索相关问题，真正在故事中有所收获。

语文是有趣而美丽的。亲爱的青少年朋友，如果你以前未曾体味过语文的魅力，那就跟随本书，在一个个生动的语文故事中快乐地发现其中的乐趣吧！

目　　录

第一章　引经据典学成语

第二章　趣味盎然识汉字

第三章　闲情雅趣品诗词

第四章　妙趣横生说对联

第五章　绘声绘色传俗谚

第六章　别有风趣猜谜语

第七章　津津有味读名家

第一章　引经据典学成语

趣读本章

成语是中华语言智慧的结晶，是词汇宝库的明珠，它言简意赅，内涵深远，有言已尽而意无穷之奇趣。每一个成语背后都有一个精彩生动的故事，体现了古代人民的生活、精神和智慧。了解华夏历史文化，体味语文的乐趣，就从一个个生动的成语故事中开始探寻吧。

本章摘选了不同类型的成语典故，说故事，点出处，表应用，评古论今，趣味实用。有的成语源于神话传说，有的出自古代寓言，有的来自历史典籍，有的源于经典作品，还有的出自旧时俚语。

开天辟地

相传在很久很久以前，天地还没有形成，到处是一片混沌。这个混沌的世界无边无沿，没有上下左右，也不分东南西北，仿佛一个浑圆的鸡蛋。而在这一片混沌之中孕育着一个人类的祖先——盘古。

盘古沉睡了一万八千年，在这浑圆的东西中孕育成熟了。当他苏醒时，发现眼前一团漆黑，十分憋闷，便非常生气，就用自己做的斧子劈开了这混沌的世界。随着一声巨响，混沌中，轻而清的阳气上升，变成了高高的蓝天，重而浊的阴气下沉，变成了广阔的大地。天地分开，一片开阔，盘古置身其中，只觉得神清气爽。但随后他又发现空间过于狭小，他担心天地会重新合于一处，于是叉开双脚，稳稳地踩在地上，高高地昂起头颅，顶住天空，然后施展法术，让身体在一天之内变化九次。每当盘古的身体长高一尺，天空就随之增高一尺，大地也增厚一尺；每当盘古的身体长高一丈，天空就随之增高一丈，大地也增厚一丈。天空慢慢高远，大地渐渐辽阔。这样又经过一万八千年，天高得不能再高，地厚得不能再厚，盘古自己也变成了顶天立地的巨人，像一根柱子支撑着天和地，使它们再也无法回归混沌。

盘古开天辟地后，天地间只有他一个人。他支撑天地耗尽心血，终于有一天，这位巨人慢慢倒下了，死去了。但他的遗体并没有消失：盘古的左眼变成太阳，照耀大地；右眼变成月亮，照亮夜晚；千万缕头发变成点点繁星，点缀美丽夜空。他的四肢和身躯变成名山五岳：头部隆起，成为东岳泰山；腿化为西岳华山；腹部坚实，成为中岳嵩山；两个肩胛，分别成为南岳衡山、北岳恒山。盘古的鲜血变成江河湖海，奔腾不息；肌肉变成千里沃野，骨骼变成花草树木，牙齿变成石头和金属，精髓化作珍珠，汗水变成雨露，筋脉变为道路。自此，混沌世界变为美丽人间。

盘古生前完成开天辟地的伟大业绩，死后留给后人无穷无尽的宝藏，成为中华民族顶礼膜拜的神话英雄。

【引经据典】 三国吴·徐整《三五历记》：“天地混沌如鸡子，盘古坐在其中，万八千岁，天地开辟，阳清为天，阴浊为地，盘古在其中。”这则成语是指古代神话传说中，天地本混沌一片，盘古氏开辟天地，创造了世界。多用于指前所未有的、有史以来第一次发生的，也指创建了空前宏伟的事业。

【勤学好思】 同“开天辟地”喻义相关的成语你能想出哪些？

精卫填海

太阳神炎帝的小女儿，名唤女娃，是他最钟爱的女儿。有一天，女娃划着一只小船，到东海去游玩，不幸海上起了风浪，像山一样的海浪把小船打翻，女娃就淹死在海里，永远回不来了。

女娃不甘心死去，她的灵魂变作一只小鸟，名叫"精卫"。精卫长着花脑袋、白嘴壳、红足爪，形状有点像乌鸦，住在北方的发鸠山上。她恨无情的大海夺去自己年轻的生命，因此常从发鸠山衔一粒小石子，或是一段小树枝，展翅高飞，一直飞到东海。她在波涛汹涌的海面上飞翔着、游弋着，把石子或树枝从高空投下去，想把大海填平。

大海奔腾咆哮，露出雪亮亮的牙齿，凶恶地嘲笑她："算了吧，小鸟，你就算干上一百万年，也休想把大海填平！"

精卫在高空中回应大海："哪怕是干上一千万年、一万万年，干到宇宙的终尽、世界的末日，我也要把你填平！"

"你为什么恨我这样深呢？"

"因为你夺去我年轻的生命，将来还有许多年轻无辜的生命会被你夺去。"

"傻鸟，那么你就干吧——干吧！"大海哈哈大笑着。

精卫在高空哀号着："我要干的！我要干的！我要永无休止地干下去的！你这叫人愤恨的大海啊，总有一天我会把你填成平地！"

她飞翔着、号叫着，离开大海，又飞回发鸠山去，把山上的石子和树枝衔来投进大海。她往复飞翔，从不休息……

【引经据典】　《山海经·北山经》："炎帝之少女曰女娃。女娃游于东海，溺而不返，故为精卫，常衔西山之木石，以堙于东海。"说的是精卫衔来木石，决心填平大海。旧时比喻仇恨极深，立志报复，后比喻意志坚决，不畏艰难。

【勤学好思】　你知道"愚公移山"的故事吗？与"精卫填海"有何异同呢？

沧海桑田

很久以前，一位名叫蔡经的人乐善好施、正直纯朴，喜爱谈经论道，经常有九天之外的仙人驾临他家。这一日，王远与麻姑两位仙人相约来到蔡家。麻姑先至，长裙飘逸，风姿绰约，明媚动人；王远随后也飘然而至，仙风道骨，自是与凡人不同。蔡经一家恭敬迎候，不敢怠慢。

麻姑和王远互相见礼之后，王远长袖一拂道："开宴！"只见席上盛器全变为金和玉镶嵌制成的精巧绝伦的器皿，其中盛放的菜肴，大多是奇花异果，香气扑鼻。所有这些，都是蔡家的人从未见过的。席间，两位仙人谈笑风生。麻姑对王远说："世事无常，风云变幻。自我得道接受天命以来，已经亲眼见东海三次变成桑田。刚才到蓬莱，看到海水比前一时期又浅了一半，难道东海又要变成陆地了吗？"

王远点头道："是啊，圣人们都说，大海水面正在下降，不久沧海将变桑田，漫天将尘土飞扬啊。"

两位仙人宴饮完毕，麻姑叫来蔡经家女眷，请她们捧些米来撒于桌上，麻姑水袖轻摇，米粒便变为仙丹，王远也从随身携带的酒葫芦中倒出一些天庭仙酒，蔡经全家手持仙丹、美酒拜谢二仙。王远、麻姑各自化为青烟，随风而去。

【引经据典】 晋·葛洪《神仙传·麻姑》："麻姑自说云，接待以来，已见东海三为桑田。"沧海，指一望无际的大海，桑田指可以种植的田地。这则成语的意思是茫茫大海，千变万化，霎时变为良田。后常用来比喻世事变化之大。

【勤学好思】 你能说出以下几个类似条目的喻义吗？

饱经沧桑　沧海横流　曾经沧海

望洋兴叹

传说很久很久以前，黄河里有一位河神，人们都尊称他为河伯。河伯一直坚定地认为，他的黄河是天下最大最长的河，这里的水是最多的。一日，河伯伫立河岸，望着滚滚波浪奔腾翻跃，十分壮观，他目空一切地说："我是世间最大的水神，黄河是无与伦比的。”

岸边一位老者听了他的话后，反驳说：“在黄河的东面有个地方叫北海，比你大得多哩。”河伯有些恼怒：“我不信，北海再大，能大得过黄河吗？”老者说：“别说一条黄河，就是十几条黄河的水流进北海，也装不满它。”河伯固执己见：“我绝不相信。黄河已经大到极致了。”老者无可奈何地说：“你只有亲眼见到北海，才知我所言非虚。”

夏季多雨，雨水连绵不断，大小河流水位猛涨，全都汇集到黄河里。黄河的水道容纳不了这么多水，河水涨到岸上，淹没了两岸的洼地。于是，黄河的水面更为开阔，隔水望去，只见波涛滚滚，烟波浩渺。

河伯见水势这么大，以为天下的水都流到这里了。他在自得之余，忽然想起了老者跟他提起的北海，于是决定去一探究竟。他得意洋洋地乘兴顺流东游，不久，来到北海的入海口。举目望去，只见茫茫大海无边无际，波浪滔天，景色蔚为壮观，黄河根本不能比及。河伯抬起头来，望着一望无际的北海叹道：“略有所知、略有所长就以为谁都比不上自己了。今天要不是我亲眼见到这浩瀚无边的北海，我还会认为自己是天下最大呢！真是让有见识的人耻笑了。”

听到河伯的慨叹，北海之神浮出海面对河伯说道：“是啊，对井中的蛙，是不能同它谈海的。因为它被自己的住处所局限，根本就不知道什么是海。对只生存在夏天的虫，是不能同它谈冰的。因为它受时间限制，根本就不知道什么是冰。对见识浅陋的人，是不能同他讲高深道理的。因为他被所受的教育束缚住了。”河伯听后，觉得北海之神所述十分有理，使自己受益匪浅。

【引经据典】 《庄子·秋水》：“于是焉，河伯始旋其面，望洋而苦叹。”望洋：仰望的样子。兴：发出。这则成语的意思是指面对伟大的事物而感叹自己的渺小。比喻办事力量不足，条件不够，无从着手，无可奈何。

【勤学好思】 “水哉，水哉！”这是一个谜语，你能猜出谜底吗？

惊弓之鸟

战国末年，秦国的强大严重威胁了其他国家的利益，使各国国君都把自家的利益与其他盟国紧紧地联系在一起，决定组成联军主动向秦国出击。楚国打算派临武君为主将，统率楚军。然而人们都知道临武君在对秦军的作战中几乎没有打过胜仗，所以对此非常担心，但又不知该如何劝阻。赵国大夫魏加听说这件事后，便自告奋勇前往楚国，劝说楚王取消对临武君的任命。魏加赶到楚国，见到相国春申君便问：“听说贵国要任命临武君统率大军出征，不知是真是假？”

楚国相国春申君听了，有些不满，反问魏加道：“这是我们国君的意思，而我也有此意，有什么问题吗？”

于是，魏加对春申君讲了这样一个故事：从前，魏国有个神箭手名叫更羸，射起箭来百发百中。有一次，他陪魏王到野外打猎。当他们玩兴正浓的时候，空中飞来一只大雁。更羸对魏王说：“大王，不知您相不相信，我只拉开弓，不必搭上箭，就能将这只大雁射下来！”魏王听了更羸的话，十分怀疑，便对更羸说：“难道你的射术已经到了出神入化的地步吗？不用箭如何射下来呢？你一定是在说笑吧！”更羸说：“我当臣子的怎么敢与国君开玩笑？您一会儿就能看到我说的是否属实。”

片刻之后，那只大雁正慢慢地飞过二人的头上。更羸马上拿起弓，虚拉弓弦，魏王抬头望去，只听弓弦响处，那只大雁立刻从天上一头栽了下来。魏王看到这些，惊得目瞪口呆，说道：“你的箭法竟如此神奇？”

更羸听了回答道：“大王，不是我的箭法好，而是那只大雁是一只受伤的孤雁。”魏王问：“你怎么知道呢？”更羸说：“大王，您没见它飞得又低又慢，而且叫声又很凄惨，飞得缓慢是因为旧伤疼痛，叫得悲惨是因为长久失群。它的旧伤未愈，这时候听到弓弦的响声，以为有箭射来，便拼命振翅高飞，结果伤口破裂坠地而死。”

故事讲到这里，魏加话锋一转，说：“临武君与秦军作战，每战必败，看到秦军就会害怕，同受过伤的惊弓之鸟一样，怎么能再让他担任主将呢？”春申君一听有理，马上将魏加的话转述给楚王，楚王于是取消了对临武君的任命。

【引经据典】 《晋书·王鉴传》：“黩武之众易动，惊弓之鸟难安。”

惊，突然被吓而恐惧、颤抖。弓，古时人们打猎时用的工具之一。鸟，泛指一般的鸟或人。这则成语原意是鸟受过伤刚恢复，又离开了群体，被拉弓的响声惊吓而猛飞，使伤口裂开而落下。现在用来比喻受过惊吓的人碰到一点动静就很害怕。

【勤学好思】 有关形容箭术高超的成语还有哪些？说出它们的故事。

图穷匕见

战国末期，燕国的太子丹曾在秦国做人质。秦王嬴政（即后来的秦始皇）十分瞧不起他，经常羞辱他，也不放他回国。后来，秦王答应让他回国，却又临时反悔，中途设计杀害他，没有得逞，太子丹才得以回到燕国。这时，秦国的实力强盛，先是吞并了韩、赵两国，接着又向燕国进军。燕国国弱兵少，无法抵御强秦进犯，为此，太子丹决定派人去行刺秦王，希望能够扭转局势，保全国家。

太子丹听说荆轲有勇有谋，觉得他是行刺秦王的最好人选，便筵为贵宾，尊为上卿，还专为他修建了一所非常漂亮的房子，叫荆馆。荆轲是齐国人，自幼刻苦好学，习文演武，智勇双全，剑术超群，卫人称他为庆卿。游历至燕国后，燕人称他荆卿，亦称荆叔。荆轲在荆馆之中每天吃的是山珍海味，身边美女如云。这样的日子过了两年，太子丹一直什么也没让他做。荆轲很想为燕国出力，一直思报无门。就在这个时候，燕太子丹请求他去刺杀秦王，荆轲满口答应。

为了能接近秦王，不让嬴政起疑，荆轲获得了两样秦王想得到的东西：一是从秦国出逃的将领樊於期的头颅，二是燕国督亢地区（今河北涿县东）的地图，表示燕国愿将这块地方献给秦国。

荆轲将两样东西分别放在匣子里，而行刺秦王的匕首，就放在卷着的地图的最里面。临行时，太子丹等人身穿丧服，将荆轲送到易水边。秦王得知燕国派人来进献他最想要的两样东西，非常高兴，便下令在都城咸阳宫内隆重接见来使。荆轲的随从秦舞阳见到秦国殿上警卫森严，不由浑身发抖，脸色青白。荆轲对秦王解释说："粗野之人见大王威严，难免畏恐。"

荆轲按照秦王的要求打开匣子，拿出了地图，双手捧给秦王。秦王慢慢展开卷着的地图，细细观看。快展到尽头时，突然露出一把匕首。荆轲急忙左手抓住秦王衣袖，右手抄起匕首便刺。

但是，荆轲一刺并未刺中秦王。秦王急忙拔剑自卫，却又一时拔不出来，于是绕着柱子躲避。卫兵因没有秦王的命令，不敢擅自上前救驾。就在这紧急的时刻，秦王的侍臣突然用医袋投掷荆轲，并提醒秦王把剑推到背后拔出来。秦王顿时醒悟过来，迅速拔出剑来，一剑砍伤了荆轲的左腿。荆轲倒地后，将匕首投向秦王，结果未中。荆轲最终被蜂拥而至的卫兵杀死。

【引经据典】 《战国策·燕策三》：“秦王谓轲曰：‘起，取武阳所持图。’轲即取图奉之。发图，图穷而匕首见。”

穷，尽。匕，匕首。见，同“现”，出现、显露。成语的意思是指将图展开到尽头，匕首就会露出来。用来比喻事情发展到最后，真相就会显露出来。

【勤学好思】 荆轲告别燕太子丹时曾于易水高歌，那两句著名的歌词你还记得吗？

防微杜渐

西汉时，吕后专权的那段时期，汉室的天下几乎被吕后的子侄们所篡夺。到了东汉，历史重演。窦太后是汉章帝的皇后，汉和帝的母亲。汉和帝即位之初，窦太后独揽朝廷的军政大权。她的哥哥窦宪任大将军，掌握全国的兵权，让窦氏子弟分别担任朝中的重要职务，几乎控制了朝廷所有重要部门。外戚权力过大造成的危害，自汉朝建立以来就一直没有杜绝过。外戚的权力一大，就会严重威胁皇权，不利于国家实行中央集权统治。

由于窦氏一族权倾天下，所以朝中大臣谁也不敢在朝廷上公开提出抑制外戚权力这件事。因为，一旦公然指出问题，必定遭到窦氏一族的迫害，轻则丢官，重则丧命，搞不好还会殃及家属、朋友。

侍中丁鸿是个非常有学问又富于正义感的人。他博览经史，深明大义，很受和帝的器重。他觉得自己身为人臣，不能听任外戚专权的危险情况发展到不可收拾的地步，于是他决定上书皇帝，直陈外戚专权的弊端。丁鸿连夜草拟奏章，在写给汉和帝的密奏中，直言不讳地写道：“陛下，从古至今，太阳象征帝王，月亮代表大臣。现在我朝已出现了日食，它是在提醒陛下应小心谨慎。日食意味着臣子的权力过大，这是对皇权的威胁。涓涓细流，汇成洪水，能冲决江岸，毁伤林木；纤纤弱枝，长成参天大树，会遮天蔽日。世间万物都是由小到大，由隐而显的。人们往往忽视那些看来细小、琐碎的事情，任其发展成大的隐患而追悔莫及。如今，大将军窦宪倚仗着太后的势力，把持朝政，破坏纲纪，盘剥地方，草菅人命，使全国上下‘臣不敢言，民不聊生’。各地盗贼四起，朝廷窦氏满门。他们日益嚣张，连皇帝您也不放在眼里，甚至认为汉室天下已是窦氏的天下了。长此下去，后果堪忧！皇上此时应亲揽朝政，将国家社稷放在心上，防止微小的事情酿成大患，杜绝不好的事情于萌芽之中。”

丁鸿草拟好密奏后，悄悄溜进后宫，将密奏呈给了汉和帝。和帝读完丁鸿的密奏，大为震动，意识到事态严重，再继续恶化将不可收拾，便立即采纳丁鸿的意见，免去窦宪的大将军之职，着手理顺朝政，削弱窦氏一族的势力。不久，国势便有了好转。

【引经据典】　《后汉书·丁鸿传》："若敕政责躬，杜渐防萌，则凶妖消灭，害除福凑矣。"

杜：堵塞。渐：事物的开端。这则成语的意思是指祸患和错误刚有苗头或征兆时，就应该预防制止，不让它继续发展。形容在不好的事态开始萌芽时，就要注意防止它的发展。

【勤学好思】　"见微知著"与"防微杜渐"有何异同？

渐入佳境

东晋时期的著名画家顾恺之多才多艺，他的画在当时享有极高的声誉。谢安曾惊叹他的绘画是"苍生以来未之有也"！

顾恺之的作品，据唐宋时期的记载，除了一些政治上的名人肖像以外，还有一些佛教的图像，这也是当时流行的题材之一，另外还有秉承汉代绘画特点的飞禽走兽、神仙图像，等等。

顾恺之年轻的时候，曾经做过大司马桓温的参军。那时，东晋地主割据十分严重，桓温主张国家统一，常常率领部队去讨伐那些割据势力，顾恺之也随桓温南征北战许多年。桓温很看重他，两人结下了深厚的友谊。

有一次，顾恺之随桓温乘船到江陵去视察军队。到了江陵的第二天，江陵的官员前来拜见，并送来很多当地的特产甘蔗。桓温见了十分高兴，让大家一起尝尝。于是大家都拿着吃了起来，纷纷称赞甘蔗味道甘甜爽口。这时，顾恺之正独自欣赏江景，没有去拿甘蔗。桓温见了，挑了一根长长的甘蔗，走到顾恺之跟前，故意把甘蔗末梢的一段塞到他手里。顾恺之看也不看，竟真的啃了起来。

桓温问顾恺之甘蔗甜不甜，旁边的人也一起嬉笑着问他。顾恺之回过神来，才看到自己正啃着甘蔗的末梢，便知道大家都在笑他。他灵机一动说："你们笑什么？吃甘蔗，就应该从末梢吃起，这样，才能越吃越甜，这叫做'渐入佳境'！"大家听了，一起哈哈大笑起来。

其实，顾恺之是因为欣赏江景而忘情失神，但他说得好像真的一样，并津津有味地从甘蔗末梢吃了起来，似乎真的越吃越甜。据说，后来顾恺之每次吃甘蔗时，都从末梢吃起，当时还有不少人仿效他的吃法呢！

【引经据典】 《晋书·顾恺之传》："恺之每食甘蔗，恒自尾至本，人或怪之。云：'渐入佳境。'"

渐：逐渐。佳境：美好的境地。这则成语的意思是逐渐进入佳美的境地。比喻兴味逐渐浓厚或境况逐渐好转。

【勤学好思】 "曲径通幽"、"渐入佳境"在形容景色时有何异同？

春风得意

孟郊，唐代著名诗人，字东野，浙江湖州人。他性格孤僻，很少同别人交往，年轻时曾隐居在嵩山。那时恰逢大诗人韩愈在河南做官，二人结识后颇为投缘。韩愈十分赏识孟郊的文才，一有时间，便约孟郊饮酒叙谈。每次叙谈，韩愈总觉得像孟郊这样人品出众、诗文高妙的人隐居在深山中实在可惜，多次劝他出山应试，求取功名，为国家和百姓出力。但每当提起这些的时候，孟郊便对韩愈说："我性格孤僻，不善交际，一旦做了官只怕处理不好与上司的关系，此外我也不善于处理政务。"

韩愈劝他说："个性耿直也可以做官，你的文才可以胜任翰林学士。还是做官为好，大丈夫哪能老死深山，不为国家效力呢？"

孟郊经不住韩愈的再三劝说，便打点行装，赶到京城长安参加进士考试。也许是久居深山初入世，也许是因为运气不佳，孟郊连考了两次都名落孙山。转眼间十年就过去了，在这十年间，孟郊功名没有求成，就一直住在长安。为了求功名，他只能苦读诗书，没有时间去谋生，就靠朋友们的接济过活，生活困顿，艰难度日。

有一次，孟郊参加进士考试，陆贽为主考官，古文家梁肃为辅佐，韩愈、李观等都在考场。孟郊与韩愈的交情自不必说，与李观也十分要好。李观曾向梁肃推荐孟郊，称赞孟郊的诗是："五言高处，在古无二，其有平处，不顾二谢。"并说："孟郊不但诗写得好，人品也端正。"但就是这样，孟郊仍然未能考取。直到五十岁时，孟郊才终于考取了进士。他欣喜无比，挥笔写下了一首七言绝句《登科后》："昔时龌龊不足夸，今朝放荡思无涯。春风得意马蹄疾，一日看尽长安花。"

孟郊的喜悦情感溢于言表：过去的困苦生活再不值得提起了，只有今天才觉得情感思绪如潮水一般奔流无际。迎着得意的春风，跨上飞奔的骏马，一天就将长安城的美景，全都收入眼中了。

【引经据典】　这则成语的意思是在春风轻拂中洋洋自得。旧时形容考中进士后的兴奋心情，后形容职位升迁顺利，也用来比喻一个人在达到自己想象的某种目的后表现出的得意的样子。

【勤学好思】　不求甚解，舍生取义，世外桃源，妄自菲薄，都出自古诗文作品，你能分别说出其出处吗？

画龙点睛

相传，金陵安乐寺的墙上有两条栩栩如生的白龙，却没有眼睛。这里还有一个有趣的故事。

南北朝时期，梁朝的张僧繇擅长画龙。他画龙的艺术技法，已经到了出神入化的地步。有一次，张僧繇在金陵安乐寺的墙上，画了四条白龙，活灵活现，呼之欲出。奇怪的是，这四条白龙都没有点上眼睛。许多观看者对此不解，问他："先生画龙，为什么不点上眼睛呢？是否点眼睛很难？"张僧繇郑重地回答："点睛很容易，但一点上，龙就会破壁乘云飞去。"大家都不相信他的回答，纷纷要求他点睛，看看龙是否会飞跃而去。

张僧繇一再解释，龙点了眼睛要飞去，但大家执意要他点睛，于是他提起笔点睛。他刚点了其中两条龙的眼睛，就雷电大作，暴雨倾盆而下。两条刚点上眼睛的白龙，已经乘着云雾，飞跃到空中去了，而那两条未曾点睛的白龙，仍是留在墙壁上。大家这才信服。

【引经据典】　唐·彦远《历代名画记·张僧繇》："金陵安乐寺四白龙不点眼睛，每云：'点睛即飞去。'人以为妄诞，固请点之。须臾，雷电破壁，两龙乘云腾去上天，二龙未点睛者见在。"

画龙点睛原形容梁代画家张僧繇作画的神妙，后多比喻写文章或讲话时，在关键处用几句话点明实质，使内容生动有力。

【勤学好思】　"画龙点睛"与"画蛇添足"的喻义和用法你能解释一下吗？

邯郸学步

相传在两千年前，战国时期燕国寿陵有一位少年。这位寿陵少年吃穿无忧，相貌堂堂，但总觉得自己这里不对，那里不好，认为自己总不如别人高雅、有风度。忽然有一天他听说赵国的都城邯郸人走路的姿势特别优美，他恍然大悟："怪不得我不像别人那样引人注目，原来是我走路的姿势太笨拙、太丑陋了。"

于是，他不顾家人、朋友的劝阻，千里迢迢跑去了邯郸。一到邯郸，他发现人们走路的姿势确实如自己想象中的一样，十分优美。小孩活泼灵巧，老人稳重踏实，妇女婀娜多姿。他一边认真观察，一边学习模仿，可仅两天，他就坚持不下来了，越学越别扭，越走越不自然。半月光景过去，他不仅没有学会邯郸人走路，连自己原来走路的姿势也忘记了，只好爬回了寿陵。

【引经据典】 《庄子·秋水》："且子独不闻夫寿陵余子之学行于邯郸欤？未得国能，又失其故行矣，直匍匐而归耳。"

邯郸是战国时赵国的都城；学步指学习走路。比喻生搬硬套，机械地模仿别人，不但学不到别人的长处，反而会把自己的优点和本领也丢掉。

【勤学好思】 "邯郸学步"与"蹒跚学步"一样吗？说出二者的异同？

螳螂捕蝉

春秋时期，吴国与楚国为了扩大自己的疆土，争战不断。有一年夏天，吴王又命人征集粮草，调兵遣将，准备攻打楚国。他怕大臣们的劝谏会动摇自己伐楚的决心，于是下令："敢来劝阻攻打楚国者，杀无赦!"

大臣们衡量了一下吴、楚两国此时的经济与军事实力，认为吴王伐楚，非但没有胜利的把握，反而会造成国内空虚，给别国以可乘之机，绝非明智之举，所以，大臣们都想劝吴王不要一意孤行。但是，吴王有令在先，谁也不想拿自己的性命去冒险进谏。吴王的侍从中，有一个胆识超群的年轻人，他知道自己微不足道，说的话吴王一定不会放在心上，进谏必招致杀身之祸。但他左思右想，考虑再三，还是决定冒死谏阻吴王伐楚，以免国家败亡。但是，直截了当地劝说吴王，肯定不会成功。要使吴王回头，又能尽量保全自身性命，必须采取迂回曲折的方法。

第二天天刚蒙蒙亮，年轻人就背上弹弓，揣上弹丸，来到吴王经常歇息散心的花园，在树底下走来走去，不时地抬头东张西望，好像在寻找什么，衣服都被露水沾湿了。这样一连好几天。有些人很奇怪，就把这件事报告了吴王。吴王也发现了年轻人的举动，有些纳闷，就命人把年轻人召来，问道："你每天拿着弹弓，待在花园里干什么？"

年轻人回答说："启禀大王，后花园里有一株大树，树上有一只蝉，它一边喝着露水，一边得意地鸣叫着。可是，它不知道有一只螳螂正跟在它的身后，悄悄举起前爪，准备捕捉它，然后饱餐一顿。然而，螳螂也不知道，有一只黄雀正在它的头上紧紧盯住它，随时准备将它吃掉。可是黄雀哪里想到，我正在树下，拿着弹弓瞄准了它，准备把它杀掉。那蝉、螳螂、黄雀，都是只顾眼前利益，并没有想到祸患就在它们的身后潜伏着。大王，如果人也同它们一样，做事目光短浅，那可就太危险啦！"

吴王听到这里，恍然大悟：原来他是在借机对我劝谏啊！吴王细想一下，觉得年轻人的话非常有道理，只顾及眼前利益，恐危及长远。自此，吴王就打消了出兵伐楚的念头。

【引经据典】　典出《战国·庄子·外篇山木第二十》："睹一蝉，方得美荫而忘其身，螳螂执翳而搏之，见得而忘其形；异鹊从而利之，见利而忘其真。"《刘向·说苑·第九卷·正谏》："园中有树，其上有蝉，蝉高居悲鸣饮露，不知螳螂在其后也！螳螂委身曲附，欲取蝉而不顾知黄雀在其旁也！黄雀延颈欲啄螳螂而不知弹丸在其下也！此三者皆务欲得其前利而不顾其后之有患也。"

这则成语的意思是指螳螂捕捉蝉，却不知道有黄雀在背后要啄自己。比喻贪图眼前利益而去损害别人利益，却不知道有人在后面正在算计自己。

"螳螂捕蝉，黄雀在后"，形容行事仅顾前不顾后，或喻目光短浅，仅视眼前利益，而不知后患可能随之而来。

【勤学好思】　成语中还有一词与"螳螂"有关，你知道是什么吗？它的喻义为何呢？

空中楼阁

相传在很久以前，一座山村里住着一个非常富有的财主，但生性愚钝，时常办些蠢事却不自知，村里人常常嘲讽他，他却不以为然。

有一天，傻财主到邻村的一位财主家赴宴，他看到主人家新盖的阁楼共三层，宽敞明亮，高大壮丽，心里十分羡慕，于是便想："钱，我有的是，我要盖一座比他的更华丽、更壮观的阁楼。"

一回到家，财主马上派人把附近的工匠找来，问道：邻村财主新盖的那幢楼，你们能造吗？

工匠们回答道："那幢楼就是我们几个造的。"

财主一听，非常高兴，说："好极了，你们也给我盖一幢，也要三层，要比那幢更华丽敞亮。"

工匠们答应着，便各自忙开了。

财主在家中想着自己将要落成的壮丽的阁楼，心里美滋滋的。第二天早上，财主出了房门，东瞅瞅，西瞧瞧，心里十分纳闷，便问正在打地基的工匠："你们这是在干什么？"

工匠说："造阁楼啊，您不是要三层吗？我们是按照您的吩咐干的。"

财主忙说："不对，不对。我要你们造的是那第三层的阁楼。只要最上面的那层，下面那两层我不要，快拆掉。先造最上面的那层。"

工匠们哄笑着都走了，财主望着阁楼的地基发愣。他不知道，只要最上面的一层，不要下面两层，这样的空中楼阁就算是再高明巧妙的工匠也束手无策啊！

【引经据典】 《百喻经·三重楼喻》：愚人见其垒墼作舍，犹怀疑惑，不能了知，而问之言："欲作何等？"木匠答言："作三重屋。"愚人复言："我不欲下二重之屋，先可为我作最上屋。"

唐·宋之问《游法华寺》诗云："空中结楼殿，意表出云霞。"

清·李渔在《闲情偶寄·结构第一》中写道：实者，就事敷陈，不假造作，有根有据之谓也；虚者，随意构成，无影无形之谓也。

这则成语原意是指悬挂在半空中的楼阁。现指脱离实际的理论、计划或虚构的东西，也可用来比喻高明通达。

【勤学好思】 比较一下"空中楼阁"与"海市蜃楼"有什么异同？

亡羊补牢

战国末期，楚国已由强盛走向衰败。楚襄王即位以后，任用奸臣子兰为令尹，自己则躲进深宫整天与后妃们寻欢作乐，不理朝政。子兰把持朝政后，小人得志，贤臣失意，朝纲败坏，百姓生活在水深火热之中，苦不堪言。

老臣庄辛看到楚国如此境况，痛心疾首，为国家安危、社稷兴亡寝食难安。于是，有一天他闯进深宫去劝谏楚襄王。庄辛对楚襄王说："大王，您不能不理朝政，只顾享乐啊。现在令尹子兰专权妄为，排斥异己，迫害贤臣，长此以往，楚国危矣！"

当时，楚襄王正在宫中与嫔妃饮酒作乐，看到庄辛闯进来斥责自己，顿时大发雷霆。他高声骂道："你真是个老糊涂，楚国现在平安无事，你怎么说出这种不吉利的话来，还不快给我滚出去！"庄辛回到家中，想想自己偌大年纪，出于对君主和国家的一片赤诚闯宫进谏，却遭到昏君的一顿辱骂，深感痛心。一气之下，庄辛便带着全家迁到赵国去了。

庄辛迁走不久，秦国便派大将白起率强兵悍将直逼楚国。秦军来势汹汹，杀得楚军兵逃将散。楚国都城郢，很快便陷落。楚襄王仓皇出逃，直跑到阳城才暂时脱离险境。

楚襄王在阳城冷静下来思索，才想起当初庄辛闯宫时劝谏的忠言，追悔莫及。他立即派人去赵国接庄辛回来。楚襄王见到庄辛马上说："当初我听不进您的金玉良言，才使国家败落到如此地步，说来令人痛心。事已至此，我以后该怎么办？请您为我出出主意！"

庄辛见楚襄王确有悔改之意，便以一则寓言来比喻国策：从前，有个人养了一群羊。有天清晨，他发现少了一只羊，仔细查看，原来是羊圈破了个洞，夜里狼钻进来，叼走了一只羊。邻居都劝他赶紧修补羊圈，但那个人不听劝告，说："羊已经丢了，何必再修补羊圈呢？"第二天一早，他发现羊又少了一只。原来，狼仍然从那个破洞中进来又叼走了一只羊。他很后悔当初没有听从邻居的劝诫，于是赶快把羊圈上的洞修好。以后，羊再也没有被狼叼走了。

讲完故事后，庄辛又分析了当时的形势，认为楚国都城虽然被攻陷，但楚王只要振作起来，改正错误，楚国是不会灭亡的。楚襄王听后，便按照庄辛所说，励精图治，奋发图强，果然克服了危机，重振国威。

【引经据典】　《战国策·楚策》："见兔而顾犬，未为晚也；亡羊而补牢，未为迟也。"

亡：丢失。牢：关牲口的圈栏。这则成语意思是羊丢失后修补羊圈，还不算晚。比喻出了差错，及时找办法补救，就可以防止继续遭受损失。

【勤学好思】　与"亡羊补牢"喻义相反的成语你能找出来吗？

朝三暮四

战国时，宋国有一个狙公，十分喜欢猕猴。他专门喂养了一群猕猴以供赏玩观察。相处日久，这种富有灵性的灵长类动物能从狙公的表情、话音和行为举止中领会他的意图，狙公从猕猴的一举一动也能看出它们的喜怒哀乐。

狙公养的猕猴太多，每天要消耗许多的瓜、菜和粮食，时间一久，他便有些力不从心。有一天，狙公发觉家里的存粮难以维持到新粮入库的时候，才意识到限制猕猴食量的必要性。

猕猴就像一群顽童，如果不提供良好的待遇，想让它们安分守已是办不到的。它们会经常闹一些恶作剧。为了不让它们肆意捣乱，狙公只好想办法去安抚它们。狙公指着院中高大茂密的栎树对猕猴们说："今后的橡栗每天早上吃三粒，晚上吃四粒，这样行吗?"猕猴只弄懂了狙公前面说的一个"三"，一个个立起身子，对着狙公叫喊发怒，它们嫌狙公给的橡栗太少。狙公见猕猴不肯驯服，就换了一个说法，说："那么就早晨给你们吃四颗栗子，晚上吃三颗，这样总行了吧?"猕猴们只弄懂了狙公前面说的"四"，觉得量比刚才说的多，便高兴地点头答应了。

【引经据典】　《庄子·齐物论》：宋有狙公者，爱狙，养之成群。能解狙之意，狙亦得公之心。损其家口，充狙之欲。俄而匮焉，将限其食，恐众狙之不驯于已也，先诳之曰："与若茅，朝四而暮三，足乎?"众狙皆伏而喜。

这个故事原来的意义是揭露狙公玩弄的骗术，告诫人们要注重实际，防止被花言巧语所蒙骗。后来故事的意义有了变化，被引申为反复无常，用来谴责那种说话、办事经常变卦、不负责任的人。

【勤学好思】　"朝秦暮楚"与"朝三暮四"的喻义有什么异同之处?

分道扬镳

在南北朝时，北魏有一个名叫元志的人。他聪慧过人，饱读诗书，是一个有才华但又十分骄傲的人。孝文帝很赏识他，任命他为洛阳令。不久后，孝文帝采纳了御史中尉李彪的建议，从山西平城（今山西大同）迁移到洛阳建都。这样一来，洛阳令成了"京兆尹"，元志自与普通县令不同。

在洛阳时，元志恃才自傲，目无一切，对于一些学问不高的达官贵族十分轻视。有一天，他坐着车子正在街上走，而李彪的车马迎面过来。那时官员出门，总是前呼后拥，仪仗相随，官职越高，随行人马就越多，越是威风气派。百姓在街上遇见官员仪仗，老远就得回避。官职低的，得让官职高的先走；如遇官职相仿，客气些的也就互相让道。照理，元志官职比李彪小，应该给李彪让路，但他一向看不起李彪，因此偏不让路。李彪正坐在车上闭目养神，见车子忽然停住了，就问随从是怎么回事。随从告诉他，是洛阳令元志不肯让。李彪一听，火冒三丈，下车向元志喝道："你不知道我是谁吗？怎么见了我还不赶紧让道？"

元志毫不畏惧，不卑不亢地回答："我怎么敢挡您的道呢？明明是您挡了我的道啊！"

李彪见他这样目中无人，当众责问元志："我是御史中尉，官职比你大多了，你不过一方县令，竟敢如此目中无人？"

元志毫无所惧，正言道："我是洛阳的地方官，你在我眼中，只不过是一个洛阳的住户，哪里有地方官给住户让路的道理呢？"

两人互不相让，争吵起来，最后来到孝文帝那里评理。李彪说，他是御史中尉，洛阳的一个地方官竟敢同他对抗，不肯让道。元志说，他是国都所在地的长官，住在京都的人都编在他主管的户籍里，怎么能同普通的地方官一样给御史中尉让道呢？

孝文帝听了他们的争论，笑着说："洛阳是我的京城，你们的话各有各的道理。身为朝廷命官，何必为了一点小事争执不休？大路朝天，各走一边，你们分开走，各走各的，不就行了？"

【引经据典】　《魏书·河间公齐传》："洛阳我之丰沛，自应分路扬镳。自今以后，可分路而行。"

扬镳，提起马嚼子，即勒马而行的意思。这则成语的意思是指分路而行，比喻志向不同，各行其是，各奔前程。

【勤学好思】　"道不同，不相为谋"与"分道扬镳"的区别在哪？

背水一战

秦朝灭亡后，汉王刘邦采纳大将韩信的策略，攻取了秦国的故土关中地区，奠定了与西楚霸王项羽争夺天下的基础。公元前204年，大将韩信、张耳奉命攻打赵国，赵王歇与大将陈余于汉军的必经之地井陉口处集结，二十万大军驻扎井陉口，准备迎战。

赵国谋士李左车向将军陈余献计说："韩信乘胜而来，势不可当。但是他们长途行军，粮草供给难以时刻补充。井陉口此地两旁有山，道路狭窄，车马难行，汉军走不上一百里路，随军的粮草必然要落在后面。我们可派三万将士抄后路截取他们的粮草，您统率大军正面阻击，再把沟挖深，城墙垒高，坚守营寨，不与汉军交战。这样一来，他们前不得战、后不得退，又无粮草，就成了瓮中之鳖。不出十天，我们就可以捉住韩信。"陈余根本不听李左车的意见，认为自己的兵力超过汉军许多倍，一定不会打败仗。韩信探知李左车的计策没有被采用，十分高兴，便把兵马集结在离井陉口三十余里的地方。到了后半夜，韩信派两千名轻骑兵，每人带一面汉军红旗，从小路迂回到赵营的侧后方，埋伏起来，又派一万人马作先锋部队，沿着河岸摆开阵势。陈余等人见此情景，哈哈大笑说："看来韩信空有虚名！背水作战，乃兵家大忌。不留退路，这是自己找死！"

天亮后，韩信带领兵马，打出帅旗，向井陉口杀来，赵军立即迎战。交战后，汉军假装败退，抛掉旗鼓，向河岸阵地退去。陈余不知是计，指挥全军拼命追击。这时，韩信预伏的两千轻骑兵见赵军倾巢出击，立即杀入赵营，拔掉赵旗，换上汉旗。赵军追到汉军靠河阵地，汉军后退无路，只得拼命厮杀。赵军久战不胜，士气开始低落，又忽然发现自己的军营里都插上了汉军的红旗，军心顿时大乱，纷纷溃逃。汉军趁机前后夹攻，大破赵军，陈余被杀，赵王歇被活捉。背水结阵原本乃兵家大忌，而韩信反其道而行之，故意背水一战，这就是兵法中的"置之死地而后生，投之亡地而后存"。背水结阵，把士兵们故意放在没有退路的地方，他们才不得不拼命奋战，以求生存。

【引经据典】　《史记·淮阴侯列传》："信乃使万人先行，出，背水陈。赵军望见而大笑。"

背，背向。水，江河。这则成语的意思是指背靠江河作战，已经没有退路。比喻在极其艰难的情况下跟敌人决一死战，有时也比喻有"决战"精神。

【勤学好思】　"背水一战"的近义成语有哪些？

欲盖弥彰

崔杼（zhù）是齐国的大夫，掌握着齐国的军政大权。齐国封地邑的大夫棠公死后，崔杼前去吊唁。棠公的妻子棠姜乃绝色佳人，崔杼一见到她，就被深深迷住了。后来，崔杼不顾众人的劝阻，想尽一切办法娶了棠姜。

齐国国君庄公也是个好色之徒，一直垂涎棠姜的美色，他明知崔杼已经娶了棠姜，却还与棠姜私通。崔杼知道了这件事情后，非常气愤，但又不便声张，便谎称自己有病，待在家不去上朝。

这天，庄公又借探视崔杼的机会，来幽会棠姜。于是，崔杼就趁这个机会设计把庄公杀害。大夫晏婴闻讯赶去崔家吊唁，有人问他，是否应该随国君殉死。晏婴回答道："倘若国君是为国而死，那么做臣子也应跟着战死；倘若国君是为个人之事而死，那么，我怎么能为他去死呢？"晏婴到了崔家，对着庄公的尸体表达了自己的哀思后就离去了。

庄公死后，崔杼便完全掌握了国家大权。他立景公为齐国国君，自己则做了相国，把持朝政。

齐国负责撰写国史的史官是个正直的人，崔杼多次暗示，要他把谋害国君这件事搪塞过去，但这个史官却仍以一个历史学家的耿直，如实地记述了这件事，说："崔杼杀了他的君主。"

弑君是十恶不赦的罪行，为天下人不齿。崔杼看后非常恼怒，心想，既然你不能网开一面，我岂能给你生路？就把那个史官杀害。谁知继任的史官同样正直无私，仍秉笔直书。崔杼想，既然杀一个还不足以堵住他们的嘴，又何妨再杀一个，于是又把继任的史官杀了。第三任史官上任后仍坚持原则，崔杼又杀了第三任史官。到了第四任史官，还是坚持原则，不为崔杼的淫威所迫。崔杼一想，臣不畏死，奈何以死惧之。无奈，崔杼只好作罢，也不去管史官们怎样写了。后人翻读历史看到这一节，都说崔杼想把自己的丑事掩饰过去，但效果却适得其反，这真是欲盖弥彰。

【引经据典】　《左传·昭公三十一年》："或求名而不得，或欲盖而弥章，惩不义也。"

弥：更加。彰：也作"章"，明显。这则成语的意思是指企图掩盖真相，反而暴露得更加明显。形容那些想将自己的不当言论或错误行为掩饰起来，结果却适得其反的做法。

【勤学好思】　用一句俗语来表达成语"欲盖弥彰"的意思，该怎样表述呢？

洛阳纸贵

西晋太康年间有一个文学家左思（约 250 ~ 约 305 年），出生寒门，没有受过正统的教育，但年少时便胸怀大志，勤奋好学。他博览群书，才华横溢，自学过程中，他对京都赋（描写皇帝都城的文章）产生了浓厚的兴趣，决心要在写作京都赋上有所成就。

汉代文学家班固作有《两都赋》，张衡作有《二京赋》。班固、张衡都是官显位高、文采出众之人，他们的两赋都文字典雅，气势宏大，写出了汉朝东都洛阳、西京长安的富丽堂皇、巍峨雄伟，堪称京都赋之绝佳之作。左思对其赞叹不已，但他觉得两赋虽好，亦有美中不足之处，如有些景物的描写缺乏事实依据，给人以虚假之感。因此他想扬两赋之长，避两赋之短，完成一篇佳赋让世人传阅，于是他下了决心，为三国的蜀都（今成都）、吴都（今南京）、魏都（今河北临漳）写赋，合称《三都赋》。

正在这时，他的妹妹左棻被选入宫，左思举家迁至京城洛阳居住。洛阳名流集中，典籍易查，左思十分高兴。然而，左思要写《三都赋》的消息传出后，人们有的赞许，有的怀疑，有的嘲讽。当时著名的文学家陆机听说此事，抚掌大笑说："粗俗之人，狂妄至极，岂不知班固、张衡皆名家，京都赋绝无人能超过他们。左思真是太不自量力了，写出来无非是增添一些废纸罢了。"

听到这些批评讥讽，左思非常气愤，但他并未气馁。为了使《三都赋》言之有据、真实可信，他仔细阅读有关三都的大量史籍、地图，察看山川草木，访问风土人情，然后精心构思编著。他自知自己阅历浅薄，特请求任职秘书郎，以使自己开阔眼界，增长知识。他废寝忘食，长期构思，在卧室、书房、院子里甚至厕所都摆设桌子和笔墨纸砚，以便随时捕捉可能转瞬即逝的灵感。一次他吃饭时，灵感突至，便丢下筷子拿起笔，竟至将毛笔当成筷子送入口中，弄得满嘴墨黑。定稿前他字斟句酌，反复修改，力求尽善尽美。就这样整整用了 10 年，终于写成《三都赋》，与那两赋相比，有过之而无不及。但尽管如此，他的《三都赋》却未被世人重视。人们都是以人论才，一些轻薄的文人因左思出身贫寒，职低位卑，对《三都赋》故意吹毛求疵，把它贬得一文不值。左思认为真金不怕火炼，他将《三都赋》送给学识渊博、德高望重的皇甫谧，请其鉴定评论。皇甫谧反复阅诵，不禁拍案称绝，立即为之作序，又请人作了注解。如此一来，几乎被打入冷宫的《三都赋》立即成了洛阳最畅销的书，还被争相传抄，因为用纸太多，引起洛阳纸价大涨，产生了“洛阳纸贵”的一幕。

那个曾经羞辱左思的陆机，读过《三都赋》之后，也不得不佩服地说：“我如写《三都赋》，决然超不过左思。”

【引经据典】　《晋书·左思传》：“于是豪贵之家竞相传写，洛阳为之纸贵。”比喻著作有价值，流传广。

【勤学好思】　同“洛阳纸贵”喻义相近的成语有哪些？

游刃有余

相传梁惠王宫中有位厨师，姓丁，杀牛剔骨的技艺无与伦比，看他宰牛剔骨简直是一种艺术享受。惠王听到这种说法，怀疑是别人把这位厨师吹嘘得过了头，不大相信，便决定亲眼去看看他杀牛的过程。只见这位厨师十分沉着，一招一式沉稳老到，分外熟练。宰牛时，厨师手脚并用，每个动作都显得那么娴熟，干净利落。在筋骨部位，只见厨师将刀轻轻划过，筋骨立刻分离，全然不像别的厨师那样费力，他进入迅速、出刀利落，刀法精熟。

惠王看完厨师杀牛剔骨的全过程，觉得确实是一种艺术。他没想到，世间竟会有人将这样卑微的事做得如此出神入化，不禁赞叹不已。惠王用敬佩的语气问：“你的手艺如此高超，是怎么练出来的呢？”厨师谦逊地回答：“没有什么特别之处，只是我非常熟悉牛的骨骼结构。以我现在的手艺，我不用眼睛看也能将牛筋骨分离。”

惠王问：“你达到现在的水平用了几年的时间？”

厨师说：“大约三年。我刚开始学艺时，觉得每头牛都是很完整的。三年以后，我的眼中已看不到完整的牛了，不过是由筋骨和肉构成的框架，我只需将它拆散就是了。”

惠王又问：“你的刀是否比别人的更锋利？”

厨师说：“我的刀确实很锋利，但关键并不在此。其他厨师的刀也很锋利，但他们经常把刀刃碰到骨头上，因此，不得不常常更换新刀，即使很有经验的老厨师每年也必须更换新刀。而我这柄刀已用了十几年了，仍然像新磨的一样。骨肉相接处看起来很窄，像是插不进刀子，可我的刀刃更窄，插进内缝还绰绰有余。我熟悉筋骨肌肉间的每道缝隙，只要看准缝隙下手，根本不用大力气就能将骨头剔出来。”

惠王听了厨师的话很受启发。他由此联想到，如果自己治国能如厨师剔骨一样，那国家还能治理不好吗？

【引经据典】 《庄子·养生主》：“彼节者有间，而刀刃者无厚。以无厚入有间，恢恢乎其于游刃必有余地矣。”

游刃即运行刀刃，有余指有余地。这则成语原意为厨师宰牛时，刀刃在牛骨骨节空隙中灵活移动，骨缝显得很宽，刃在里面有很大的活动余地。

现比喻技术熟练，经验丰富，解决问题毫不费力。

【勤学好思】 和成语“游刃有余”意思相近的成语你还能想出哪些？

孤注一掷

北宋真宗时，宰相寇准耿直公正，精明强干。公元1003年，北方的辽国突然发兵侵犯中原。剽悍的辽国骑兵一路势如破竹，先是攻陷德清（今河南清丰），后又逼近冀州（今河北衡水），最后抵达澶州（河南濮阳）。宋朝军队毫无抵抗之力，节节败退，边境告急文书频频送到京城。

宋真宗看到边境的文书，马上召集文武大臣商议对策。由于澶州与宋朝的国都非常近，所以朝廷官员都很害怕，大家都劝皇帝暂时避避风头，迁往他处，不要跟辽国正面冲突。正当皇帝不知所措的时候，宰相寇准说：“陛下，敌兵声势十分浩大，不容易打败，只有陛下亲自前往澶州督战，才能振奋将士的士气，打败敌兵！”真宗听了寇准的话，考虑了一段时间，觉得很有道理，最终接纳了寇准的建议，亲自统率三军前往澶州。宋军将士见到宋真宗亲自督战来了，士气高昂，拼死搏杀，果然把辽兵打得落花流水。

宋真宗班师回京以后，对寇准更加信任和重用了。谁知，朝中另一位大臣王钦若对寇准一直十分嫉妒，于是他绞尽脑汁寻找机会在皇上面前中伤寇准。

有一次，王钦若陪真宗赌钱，一开始故意接连输了好几次，然后把剩下的钱全都下了注。真宗狐疑，问他为什么这样，他便对真宗说：“陛下大概没有听说过孤注一掷，赌博时赌输的一方都会把所有的钱押上作为最后的赌注，上次我们在澶州和辽兵作战，您不是也曾孤注一掷吗？那时寇宰相坚持要您御驾亲征，其实是在拿您的性命当作赌注，孤注一掷。如果当时我方战事失利，那您恐怕会……还好陛下洪福齐天，有佛祖保佑，才让我们的大军获得了胜利。”

真宗听了这个拿自己的生命当赌注放手一搏的比喻，不觉怒发冲冠，说道：“原来寇准是给我设了个圈套啊！这样不顾及我安危的人怎能留在身边担任重要的官职呢？”过了不久，真宗就把寇准降职了，将其从宰相降为陕州知府。

【引经据典】　《宋史·寇准传》：“博者输钱欲尽，乃罄所有出之，谓之孤注。”《晋书·何无忌传》：“刘毅家无担石之储，樗蒲一掷百万。”

孤注：赌博时把所有的钱一次投作赌注。掷：掷骰子。这则成语的意思是拿出所有的钱做赌注，希望最后能赢。比喻危急时投入全部力量冒险行事，以求侥幸成功。

【勤学好思】　“孤注一掷”与“破釜沉舟”相同吗？说出你的理解。

扑朔迷离

在宋朝人郭茂倩汇编的《乐府诗集》中，有一首南北朝时期的叙事民歌《木兰诗》，诗中叙述的是我国古代一位女子代父从军的经过。

相传一位女子名唤花木兰，她的父亲原是朝廷的武将，后来年纪大了，告老还乡。木兰小时曾经跟父亲习武，十八般武艺样样精通。

国无战事，木兰全家过着平静的生活，其乐融融。可是木兰 20 岁这年，国家发生战争，匈奴进犯，朝廷征召民众为国家效力，木兰的父亲也在征召之列。木兰见父亲年迈，弟弟年幼，于是就想自己扮男装，代父从军。她不顾父母的劝阻，女扮男装，随大军辗转到边疆作战。她虽然是个女子，但武艺高强，聪明机智，在战场上表现得十分英勇，屡建奇功。经过十年的苦战，沙场捷报频传，木兰率军击退匈奴，高奏凯歌回朝。

因为花木兰军功卓著，皇上在犒赏有功将士的时候，封木兰为兵部尚书。可是，她却再三辞谢，只求早日回家与父母团圆。皇帝无奈，只好答应了她的请求。

木兰回乡的喜讯传来，年迈的父母互相搀扶着来到城外迎接。姐姐高兴地穿上节日的盛装，弟弟杀猪宰羊要为二姐洗尘。木兰走进自己的闺房，脱下战袍，换上了女儿装，倚窗对镜梳理，恢复了容颜俏丽的女儿妆。往日的战友见了，个个惊讶不已，没想到十年来，和他们在战场上一起奋勇杀敌的大英雄竟然是个纤美佳人。

看到战友目瞪口呆的样子，木兰笑而不语，谁说女子不如男?

【引经据典】 《乐府诗集·横吹曲辞五·木兰诗》:“雄兔脚扑朔，雌兔眼迷离，双兔傍地走，安能辨我是雄雌。”原意是把兔子捏住耳朵提起来，雄兔脚乱踢，雌兔眼半闭，可是在地上跑的时候就辨认不出雌雄了。形容事情错综复杂，难以辨别清楚。

【勤学好思】 《木兰辞》是一首韵律优美、朗朗上口的乐府诗，你能将全文写下并体会作品的思想内涵吗?

近水楼台

范仲淹，字希文，吴县（今属江苏）人。宋真宗年间进士，官至参知政事。他是北宋著名的政治家、文学家，曾主持“庆历新政”。他先后做过右司谏（向皇帝提意见的官）、知州（州一级地方行政长官）、参知政事（副宰相)，位阶颇高，“先天下之忧而忧，后天下之乐而乐”就是他做地方官时在岳阳楼题写的千古名句。

范仲淹虽然做了高官，但他为人正直，待人谦和，知人善任，在杭州做知府的时候，城中的文武官员大都得到过他的关心帮助。在他的推举下，那些官员们大都担任了能充分发挥自己才干的职务，有了一番作为，心里都很感激和崇敬他。只有一个名叫苏麟的巡检官，因在杭州所属外县做巡察，没有像杭州的官员那样有接近范仲淹的机会，所以一直没有得到举荐和提拔，心中感到十分遗憾。

有一次，苏麟因公事要见范仲淹，趁此机会便写了一首诗献给范仲淹，一表不满，二求举荐。诗中有两句是:“近水楼台先得月，向阳花木易为春。”意思是:靠近水边的楼阁可以最先看到月亮，朝着阳光的地方生长的花草树木容易成长开花，迎来自己的春天。苏麟用这两句诗来表达对范仲淹的不满，巧妙地指出那些接近他的人都得到了重用，而离他远的却不能施展才能。范仲淹看了心领神会，不禁哈哈大笑。于是，就根据苏麟的才干和希望，为他找到了合适的职位。

【引经据典】 宋·俞文豹《清夜录》:“范文正公镇钱塘，兵官皆被荐，独巡检苏麟不见录，乃献诗云:‘近水楼台先得月，向阳花木易为春。’”近水指靠近水。这则成语的意思是指坐落在水边的楼台先得到月光。比喻由于个人关系比较亲近，或是职务、环境方面比较便利，而优先得到利益和方便。

【勤学好思】　范仲淹《岳阳楼记》中还有一个成语被传用，你知道是哪个成语吗？

覆水难收

姜太公名姜尚，字子牙。据说他的祖先曾经帮助大禹治理洪水，因功劳很大，被封在吕地，因此又姓吕，所以姜尚又名吕尚。相传姜尚虽然很有才学，又深通兵法，可是他大半辈子都是在穷困中度过的。他曾在朝歌屠过牛，又在孟津摆过饭摊，境况总是很不好。他的妻子马氏嫌他穷，没有出息，不愿再和他共同生活，执意要离开他。姜尚一再劝说她别这样做，并说有朝一日他定会位极人臣，富贵显赫。但马氏认为他在说空话骗她，无论如何也不相信。姜公无可奈何，只好让她离去。

后来，姜尚来到渭水的蟠溪，在水边搭了间茅屋，住了下来。渭水一带，当时是西周部族的地域，首领是周文王姬昌。姜尚希望能遇见招贤爱才的周文王，让自己的才能有施展的机会。姜尚的希望总算没有落空，当周文王听说在渭水边有位用直钩垂钓的老翁后，便亲自前来拜会。两人谈话之后，周文王发现这位年老的渔翁竟是个学识高超的奇人，于是高兴地对他说："先父太公说过：'将来一定会有贤人来帮助我们，西周将因此兴盛发达。'您就是太公所盼望的能人啊！"那时姜尚已经八十岁了，周文王恭敬地把他请了回去，并且拜他为国师，称他为"太公望"、"师尚父"或"尚父"。所以后来人们都称他为姜太公。

文王过世后，姜太公协助周武王灭了商朝，建立了周朝。由于他开国有功，武王便封他为齐侯。这时，马氏听说姜太公显赫了，便十分后悔。当姜太公前呼后拥、威风八面地到齐国封地（今山东）去时，在路上遇见一个跪着哭泣的妇女。姜太公上前一看，原来是前妻马氏，她叩头要求太公与她恢复夫妻关系。姜太公没有直接回答，而是叫人取过一盆水来，泼在地下，姜太公说："如果你能将这盆水收回来，那么就是天意让我原谅你当初的过错。"然而，水顷刻便渗入泥土之中。马氏回天无力，羞愧万分，回到家中便上吊自尽了。据《封神演义》描述，姜子牙封神之时还将马氏封为"扫帚星"。

【引经据典】　宋·王楙《野客丛书》：太公取一壶水倾于地，令妻收入。乃语之曰："若言离更合，覆水定难收。"《后汉书·何进传》："国家之事易可容易？覆水不收，宜深思之。"

覆水，倒在地上的水。难，难于。这则成语的意思是倒在地上的水很难收回来。比喻已成事实，难以挽回。

【勤学好思】 与“覆水难收”意思相近的成语有哪些？

终南捷径

唐代有个叫卢藏用的人，多才多艺，不仅擅长篆书、隶书，而且弹得一手好琴，于围棋也有相当的造诣，素有“国手”之称。但他最大的不足就是性格懦弱，自私自利。特别是当遇到困难时，他首先考虑的是个人的得失，而将是非曲直置之一旁。正是由于这一点，他常常受当权者的胁迫，做下一些错事。

武则天称帝时，卢藏用考中了进士，以为这下可以官运亨通了、平步青云了。不料，中进士后，久久没有被放官，而且一等就是好长时间。卢藏用看到自己赋闲已久，却无官职，便动开了心思。当时，在人们心目中，隐士大都是既有学问又有修养的人。因为隐士神秘且与众不同，所以人们大都对其怀着崇敬心理。卢藏用利用朝野上下的这种观念，故作隐居的姿态，远远地跑到终南山学习辟谷，修练气功，并想方设法引起人们的注意，让大家都知道他到终南山隐居去了。

卢藏用的这种做法还真的效果显著。他的隐居之举引起了人們的好奇和关注，连朝廷主管官吏任免的吏部尚书也认为卢藏用一定是个人才，立即发下任命，让他担任左拾遗。

卢藏用去终南山当隐士是为了做官，那真正的隐士是什么样的呢？

司马承祯就是个真正的隐士。他从小读书刻苦，文才出众，为人正直，但不愿做官，便出家学道。他拜潘师正为师，在终南山隐居。

武则天知道司马承祯修行极好、品格高尚，便下诏要他到朝廷来做官。司马承祯在长安住了几天，没有一点打算留下来的意思，准备回终南山继续隐居。离开长安时，许多官员都来送他，卢藏用也在其中。

看到司马承祯不做官又要回终南山，卢藏用以为司马承祯是故作姿态，于是手指着终南山，意味深长地说：“那里另有妙处！”

司马承祯听了，冷笑着说：“在我看来，终南山却是一条做官的近路。”一句话，说得卢藏用非常尴尬，无地自容。

后来，卢藏用因参与太平公主谋反，而被发配岭南。唐玄宗即位后，见他很有才干又重新起用他，任命他为黔州都督府长史。但他还未来得及到任，便死去了。

【引经据典】　《新唐书·卢藏用传》中记载了卢藏用与司马承祯的故事。

终南即终南山，位于今陕西省西安市西南。捷径指直接、近便的道路。这则成语的意思是指终南山上的一条近路，比喻谋取官职或名利的便捷门径，也指用特殊手段达到某种目的。

【勤学好思】　“山中宰相”与“终南捷径”有何异同？

巧取豪夺

米芾、米友仁父子是宋代著名的画家、书法家。米芾作为北宋书法四大家之一，曾为书画学博士，因其行为放浪、举止癫狂，又被称作“米癫”。米氏父子酷爱字画，经常“不择手段”地获取别人珍藏的古人名画，举止经常是让人匪夷所思，哭笑不得。

先说米芾。一天，他与朋友蔡攸在船上共赏一本东晋书法家王献之的行书，米芾见此墨宝用笔俊迈，气势非凡，笔力遒劲，不同凡响，遂敬佩得五体投地。米芾想让蔡攸将此珍品割爱，又难以启齿，于是他忽然之间泪流满面，连连狂饮，又猛地掷杯而起，卷轴入怀，起身要投入江中，他向好友拱拱手道：“我实在痛不欲生，要追随屈原投江而去了，就此永别。”说罢，起身就走。蔡攸大惊，一把将他拉住，追问原因。米芾说：“我平生收藏了不少名人字帖，唯独缺少王献之的墨宝，我活着还有什么意思？”蔡攸看到好友如此，深感无奈，只好将珍爱的墨宝赠给了米芾。

米芾之子米友仁则更是继承了他父亲的“癫狂”之风。米友仁在涟水时，曾向别人借来唐代画家张萱的《望月》图，自己熬了几个通宵将画临摹下来，然后偷偷把真品留下来，把自己临摹的赝品还给了画的主人。过了几天，画主人发现自己被骗，登门来找米友仁讨要自己的真品，声言不还真品，就要与他对簿公堂。米友仁甚为奇怪，因为他以前也这样干过，一向无人找上门来，怎么这个画主偏偏能识破呢？细问缘由，画主说：“虽然你临摹的笔法足以以假乱真，但我那幅原画，技法绝妙，在烛光的辉映下能看出月亮里的嫦娥和玉兔。”米友仁听了，由衷佩服其判断能力，羞愧难当，无奈之下，只好把原画取出，恭敬送还。

米氏父子骗取他人珍品名画的做法，被当时的人指责为“巧取豪夺”，以嘲讽两人。

【引经据典】 宋·苏轼《次韵米黻二王书跋尾》：“巧偷豪夺古来有，一笑谁似痴虎头。”

后来，人们把“巧偷豪夺”改为“巧取豪夺”，用来表示用卑鄙的手段去骗取，用蛮横的手段去掠夺。巧取指用各种方法骗取，豪夺指用强力夺取。这则成语的意思是指要手段获取、硬性抢夺。用于贬义，旧时形容达官富豪谋取他人财物的手段，现指用各种方法夺取他人财物。

【勤学好思】 有关书法家的成语故事还有很多，“东床快婿”也是源于一个著名的书法家，你知道是谁吗？

请君入瓮

中国历史上唯一的女皇帝武则天刚刚登上帝位，建立大周朝，为防范有人谋反，便重用酷吏，大力推行滥杀举措，重刑治国，在这些酷吏中最有代表性的就是周兴与来俊臣。两人杀人成性，把毫无罪过的人罗织成罪，再指派人进行诬告，最后动用酷刑，一时间屈打成招、蒙冤下狱者比比皆是。他们还写过一部《罗织经》，阐述诬陷别人的心得。最后来俊臣和周兴权重自大，甚至将主意打到武氏权贵身上，武则天这才对他们有所警觉，欲设计将他两人杀掉。

有一天，武则天接到告密信，说周兴意图谋反，便派来俊臣去调查。来俊臣不动声色来到周兴家，边喝酒边说：“我最近抓了一个犯人，此人狡猾异常，不肯老实招供，您看该怎么办？”周兴一听，大笑着说：“这还不容易！我有一法，绝妙，拿一个大瓮，周围放好烧得通红的炭火，把犯人放在瓮中烤，就算他是铁打的，恐怕也不敢不招认了吧？”说完，十分得意。来俊臣听了，连连称赞说：“此法甚妙！”他一面说，一面就叫公差去搬一只大瓮和一盆炭火到大厅里来，把瓮放在火盆上，盆里炭火熊熊，厅堂顿时有些闷热。周兴非常奇怪，问：“怎么，贤弟要在厅堂亲自拷问犯人么？”来俊臣站起来，正色言道：“接圣上密旨，有人告发周兄谋反。若不从实招供，哼，只好请君入瓮了。”周兴一听，吓得魂飞魄散，来俊臣的手段，他是最清楚的。他连忙跑在地上磕头如捣蒜，连连求饶，表示愿意招认。来俊臣根据周兴的口供，定了他死罪。武则天念在周兴毕竟为她干了不少事，对她也是一片忠心，就赦免了周兴的死罪，把他革职流放到岭南去。由于周兴以前结下的仇家太多，所以在半路上就被人暗杀了。

周兴死后，来俊臣又继续干了五六年诬陷杀人的坏事，前前后后不知道杀害了多少官吏百姓，连宰相狄仁杰也曾经被他诬告谋反，关进监牢，差点命丧黄泉。来俊臣的胃口越来越大，竟想独掌朝政大权，嫌武则天的侄儿武三思和女儿太平公主势力大，索性告到他们身上去了。武三思和太平公主先发制人，把来俊臣平时诬陷好人、滥施刑罚的老底全都揭了出来，并且把他抓起来，判了死罪。武则天一看反对来俊臣的人太多，只好批准把他处死。来俊臣被处死刑那天，人人拍手称快，大家奔走相告："从现在起，夜里总算可以安心睡觉了。"

【引经据典】　《资治通鉴·唐纪·则天皇后天授二年》："兴曰：'此甚易尔！取大瓮，令囚入中，何事不承！'俊臣乃索大瓮，火围如兴法，因起谓兴曰：'有内状推兄，请兄入此瓮。'兴惶恐叩头伏罪。"

瓮指一种陶制的盛器。比喻用某人整治别人的办法来整治他自己。

【勤学好思】　"请自隗始"出自《史记·燕召公世家》："王必欲致士，请以隗始；况贤于隗者，岂远千里哉？"你能说出此成语的喻义吗？

退避三舍

春秋时期，晋国内乱，公子重耳不愿意背负不仁不义的名声，放弃了回国为君的机会。这个举动赢得了各国敬重，所以重耳每到一处都受到极为隆重的接待。

有一段时间，重耳住在楚国，楚成王对重耳的人品十分钦佩，以国君的标准来接待他，并常常亲自陪他饮酒闲聊。在一次宴会上，楚成王问重耳："我待您情深义重，将来公子做了国君，打算怎样报答我呢？"

重耳想了想说："我一定力保两国和平共处，假如有一天晋楚交兵，我将命令晋军首先后退九十里，作为对您的报答。"

重耳的这番话被一同饮酒的楚国大将子玉听到了，他觉得重耳才华出众，具有英雄气度，绝非寻常人物。如果有朝一日回到晋国，必定励精图治，奋发图强，一定会对楚国构成威胁，便想找个机会将重耳杀死，除去后患。子玉将自己的顾虑说给楚成王，楚成王说："现在各国都在广招英雄，我们却要将广有贤名的英雄给杀掉，还有谁再敢与我们交往，为我们效力？更何况，无缘无故地承担害贤的恶名也绝非明智之举。”于是楚成王阻止了子玉杀害重耳的举动。

时光飞逝，不觉十几年过去了。重耳在楚国帮助下返回晋国做了国君，称为晋文公。由于在外流亡多年，饱受颠沛流离之苦，所以重耳对百姓的生活疾苦十分了解和体谅。晋文公即位后，便勤政爱民，治理有度，使衰败的晋国国势好转起来。

公元前633年，楚国组成陈、蔡、郑、许等国联军，攻打宋国。盟军很快逼近宋国都城商丘。宋国情势危急，急忙派人向晋国求救。晋国与宋国一向修好，晋文公马上点兵出征，援助宋国。

晋文公见楚军前来迎战，便守约下令大军后退九十里。晋军将领听说还未交锋就先退军，都十分不满。晋文公对他们说：“行军打仗必须理直气壮，方能取胜。现在我们主动后退，楚军就输了理。如果他们再进攻，然后我们反击，士兵心里有气，作战一定勇猛，何愁不胜?”果然，晋军与楚军在城濮交战，晋军士气高昂，奋勇作战，将楚军打败，赢得了胜利，而晋文公也兑现了“退避三舍”的诺言。

【引经据典】 《左传·僖公二十三年》：“晋楚治兵，遇于中原，其辟君三舍。”

舍，古时行军以三十里为一舍。这则成语的意思是指主动退军九十里。比喻主动退让和回避，避免发生冲突。

【勤学好思】 “退避三舍”所用的一种作战手法，用另一成语也可概括出来，你能想到吗?

狡兔三窟

孟尝君，即田文，战国时齐国的贵族。他承袭其父田婴的封爵，被封于薛（今山东滕州市）地，人称薛公，号孟尝君。

孟尝君在齐国担任相国时，他的门下有数千名食客。他曾联合韩国和魏国，大败了秦、燕、楚三国，因此声名远播，威震一方。

孟尝君门下有个名叫冯谖的食客，没有什么名望，孟尝君却以礼相待，满足了冯谖许多在其他人看来十分过分的要求。一次，孟尝君询问门客中谁能替他到薛地去收债，冯谖自告奋勇承担了这个任务。临行时，他问孟尝君收完债买些什么货物回来。孟尝君随口说家里缺什么就买什么。冯谖到薛地后，当众把百姓欠债的借据全都烧毁，还说这是孟尝君命令把债款赏赐给大家的。于是借债的百姓对孟尝君感激涕零，齐呼万岁。

冯谖回来后，孟尝君问他债收齐了没有，买了些什么回来。冯谖说，他见相国家什么都不缺，就缺一个“义”字，因此就以相国的名义将债契全烧了，把“义”买了回来。孟尝君听了非常不高兴，但也没有公开责备冯谖。一年后，孟尝君遭人诽谤，被齐王免除了相国的职务，只好回到薛地去。离薛地还有一百多里路，百姓就扶老携幼前来迎接。孟尝君此时才看到了冯谖给他购买的“义”的珍贵，非常感谢冯谖。但冯谖对他说：“聪明的兔子有三处洞穴，才使它免于被猎人猎杀、被猛兽咬死。如今您只有一个洞穴，还不能高枕无忧，让我帮您再凿两个洞穴吧。”

于是，孟尝君按冯谖的要求给了他五十辆车子、五百两黄金，去游说西边的魏国。冯谖见到魏王后就开始称赞孟尝君是如何才识出众，受百姓爱戴，他的一席话让惠王深感孟尝君乃有才干之人，便马上派使臣携带许多财物和马车去齐国，聘请孟尝君来魏国当相国。

冯谖赶在魏国使臣之前回到薛地，告诫孟尝君一定不要接受聘请。魏国使者一共来了三次，孟尝君始终不答应接受聘请。这样一来，孟尝君顿时身价倍增。齐国听到这个消息，君臣都十分担心孟尝君为别国效力。于是齐王赶紧恢复了孟尝君相国的职位，并亲自向他谢罪。这样，冯谖为孟尝君凿成了第二窟。之后，冯谖又建议孟尝君向齐王请求赐给自己先王的祭器，在薛地建造宗庙供奉。这样一来，齐王就会派兵来保护，而薛地在齐国的地位就非同寻常了。宗庙在薛地建成后，冯谖对孟尝君说：“三个洞穴已经凿好，今后您可以高枕无忧了。”

【引经据典】　《战国策·齐策四》：“狡兔有三窟，仅得免其死耳。”三：非具体数字，多的意思。窟：藏身的洞穴。这则成语的意思是指狡猾的兔子有多个藏身的洞穴。常用来比喻隐蔽的地方或方法很多。现在一般用来表示做事留有余地，具有多种应变能力。

【勤学好思】　“狡兔死，走狗烹”（兔死狗烹）喻义是什么呢？

黔驴技穷

据传，古时候贵州一带没有毛驴。有一个好事之人从外地买了一头毛驴，用船运到了贵州。贵州多崎岖山地，此人一时也想不出毛驴能派上什么用场，所以就把它放在山脚下。贵州山中有老虎出没，老虎从来没见过毛驴，一天，它发现了这头毛驴，以为这庞然大物一定有什么特殊的本领，所以不敢贸然靠近它。

于是，老虎便远远地躲在树林里，偷偷地观察毛驴的一举一动。过了一段时间，老虎放轻脚步小心翼翼地朝毛驴的方向挪动了几步，想弄清楚这个怪物究竟是什么东西。它一点一点地靠近毛驴，可还没等老虎看清，毛驴突然大叫起来，声音大得响彻了山谷，回音不绝。毛驴的叫声着实把老虎吓了一大跳，以为它要来吃自己，吓得急忙逃得远远的。

又过了几天，老虎仍不死心，又转来转去慢慢地靠近毛驴，反复地观察着毛驴，再也没有发现这只驴子有什么特殊的动静，也没发现它有什么特别的本领，好像它只会偶尔响亮地叫上几声罢了。

再后来，日子久了，老虎对毛驴的叫声也听惯了，觉得它也没有什么了不起，渐渐地就敢靠近驴子了。于是，老虎向毛驴靠得更近些，在它面前转来转去，结果还是相安无事。后来，老虎靠毛驴更近了，甚至碰撞毛驴的身子，故意冒犯它，毛驴也只是一味闪躲。有一次，老虎试着用爪子抓了毛驴一下，毛驴终于被惹得发怒了，就用蹄子猛踢了老虎一脚。老虎一点也不觉得疼，于是便很高兴地想："原来这个怪物不过如此，只有这么一点本事啊！并不可怕嘛！"

于是，老虎便大吼一声，扬起前爪，猛扑上去，张开血盆大口，咬断了毛驴的喉咙，美美地饱餐了一顿。

【引经据典】 唐·柳宗元《黔之驴》："虎见之，庞然大物也，以为神，蔽林间窥之。"

黔是如今贵州省一带；技指技能、本领、本事；穷是尽的意思，没有了，用完了。这则成语比喻有限的一点本领也已经用完了，也用来比喻虚有其表，本领有限。

【勤学好思】 "黔驴技穷"还可以表述为什么词？

第二章　趣味盎然识汉字

趣读本章

中国汉字博大精深，源远流长，汉字中蕴含着无尽的乐趣与奥秘。本章从汉字的起源、汉字的演变、汉字组合规则、古今名人对汉字的趣味解释、拆字游戏以及形近字、多音字、一音多字、识文断句等方面选择不同的趣味故事，将知识性与趣味性紧密结合，寓教于乐。小字也有大学问，发掘方块汉字背后的深意，其乐无穷。

象形文字仓颉造

仓颉，原姓侯冈，名颉，号史皇氏，轩辕黄帝左史官，我国原始象形文字的创造者。对于这位“造字圣人”，民间流传着许多动人的传说。

相传仓颉“始作书契，以代结绳”，在此之前，人们都是结绳记事，大事大结，小事小结，相连之事打连环结。由于记录史实的结绳形状各异，天长日久难以辨认，仓颉以绳结记录的史书出了差错，使得黄帝在与炎帝的议和中失利。如此几番，仓颉深感结绳记事、刻木为令无法适应时事需要，故而决心创造出一种更好的记事方法。

他终日苦思冥想却毫无头绪，一日天降大雪，他早起去山上狩猎，见漫山遍野尽是银装素裹。忽然，林中窜出两只野雉在雪地上觅食，走过之处留下两行爪印，接着又有一只小鹿跳出，也在雪地上留下清晰的蹄印。

仓颉看得出神，把打猎的事早已忘得一干二净。他把山鸡的爪印和小鹿的蹄印一对比，发现形状不一。于是他想，把鸡爪印画出来就叫鸡，把鹿蹄印画出来就叫鹿。世界上任何东西，只要把它的象形画出来不就成了字吗？想到这里，仓颉茅塞顿开。

此后，他回到故乡白水，独居偏隅，“观奎星圜曲之式，察鸟兽蹄爪之迹”，整理素材，创造出代表世间万物的各种符号，并且定下了每个符号所代表的意义。仓颉造字成功，却发生一件怪事。那一天白日竟然下粟如雨，晚上听到鬼哭魂嚎。下粟如雨，因为仓颉造出了文字，可用来传达心意、记载事情，自然值得庆贺；而鬼哭是因为有了文字，民智日开，民德日离，欺伪狡诈、争夺杀戮由此而生，天下从此永无宁日，鬼魂不由得嚎哭。

随着象形文字越造越多，写在何处也颇费思量，石尖、木板、兽皮均不合适。一日，有人捉住一只大龟，前来请仓颉给它造字。仓颉把龟细看了一遍，发现龟背上有排列整齐的方格子，便照龟的象形，造了个“龟”字，然后又把字刻在龟背上的方格子里。龟由于背上刻字感到疼痛，乘人不备爬进河里去了。三年后，这只背上刻字的龟，在另一个地方又被人捉住。人们告诉仓颉，刻在龟背上的字不但没有被水冲掉，而且还长大了，字迹也更明显……从此以后，仓颉命人捉到龟就把龟壳都取下来，把自己造出的所有象形字都刻在龟壳的方格里，然后用绳子串起来，送给黄帝。

黄帝感谢他功绩过人，遂赐以“仓”姓，意为君上一人，人下一君。

如今的仓颉墓前，枝叶繁茂的古柏掩映着一座大殿，殿门两旁的木柱上写有一副对联："天下文字祖，古今翰墨师。"仓颉作为"万代文宗"在文字的创造、整理、推广等方面开创了不可磨灭的伟绩。

【引经据典】　"……在社会里，仓颉也不是一个，有的在刀柄上刻一点图，有的在门户上画一些画，心心相印，口口相传，文字就多起来了，史官一采集，就可以敷衍记事了。中国文字的来由，恐怕逃不出这例子。"《鲁迅·门外文谈》

仓颉造字或许仅仅是传说，文字作为群众智慧的结晶大概也非一人独创，但以仓颉为杰出代表的汉文字创造者，毕竟终结了"结绳记事"、"契木为文"的历史，翻启了华夏文明崭新的一页。

【勤学好思】　《红楼梦》里贾宝玉吟咏"有凤来仪"潇湘馆翠竹的一首诗中有两句为"竿竿清欲滴，个个绿生凉"。"个个"二字用得极妙，青翠挺拔的绿竹形象，跃然纸上。与此有异曲同工之妙的诗句、字词，你还能找出哪些？

龙骨上的奇特符号

龙骨是指埋于地下几千年之久的龟甲兽骨，是研究我国古汉字的珍奇瑰宝。说起龙骨的发现，还有一些趣闻。

相传一百多年前河南安阳小屯的一位村民患了疥疮，浑身瘙痒，久治不愈。一日，他在村头河沿耕种之时，疥疮发作，痛痒不堪。情急之下，他随手捡起一块散落的龟甲，碾碎涂打在身上，居然奇痒即止，仔细一看，疮脓也被龟甲粉末吸干了。他随即将河边的龟甲兽骨都捡回家，依法炮制，几次之后顽症竟然治愈。这一奇事，一传十，十传百，人们都说这是龙骨显灵。此后，这些不起眼的龟甲兽骨便以龙骨之名入药。

1899年深秋，一位名叫王懿荣的京城官员身患疟疾，药方中需要龙骨这味中药，在验看药物之时，他发现龙骨上有人工刻痕。在此之前也有不少人发现龙骨上奇特的符号，但大多认为是龙骨的奇异，都未深究。而王懿荣是当时有名的金石学家，对文字颇有研究。他大量收购药铺中的龙骨，经仔细识别研究，确认这些刻痕就是商代使用的文字。因这些文字刻于甲骨上，因此被称为"甲骨文"，而王懿荣亦被称为"甲骨文之父"。

【举一反三】　金文是"吉金文字"的简称，是铸刻在祭祀用的青铜礼器钟或鼎上的一种文字，又称"钟鼎文"。金文启于商代，盛于周代，上承甲骨文，下启秦代小篆，比甲骨文更能保存书写原迹风格的古朴。

【勤学好思】 六书是对汉字构成的分析，周礼中就提到了六书，但未说明具体内容。其实，“六书”是对汉字的整理及分类，并不是造字法则。东汉许慎在《说文解字》中详细阐述了“六书”的汉字构造规律：象形、指事、会意、形声、转注、假借。其中，仅四项为造字原理，是“造字法”；而有两项用字规律，是“用字法”。你知道造字原理是哪四项吗？

战书添笔退匈奴

汉朝时，北方边境的匈奴突然派使者送来一封奇特的书信。皇上拆开，雪白纸上只有四个大字“天心取米”，皇上不解此信何意，就将此信交予朝中众臣依次传阅，让大臣们说出自己的想法，朝中群臣看后也都十分不解。正当众臣全都束手无策之时，负责修撰史章典籍的宫中小吏何塘站了出来。何塘指着信上的四个字说：“皇上，恕臣直言，此乃番邦的战书。天者，我国也；心者，中原也；米者，圣上也。天心取米，就是夺我大汉江山、取圣上龙位的意思呀。”皇上闻言大吃一惊，问何塘道：“依爱卿之见，应如何应对匈奴的挑衅呢？”何塘略一沉吟，道：“圣上不必忧虑，微臣有应对之策，绝不失我泱泱上邦之威仪。”说罢，他提笔在信上略添几笔，便装入信封，将原信退回作为回复。

关外匈奴正厉兵秣马，严阵以待，他们原以为汉朝定然不敢应战，不料却收到了回信。匈奴首领拿出回信一看，顿时大惊失色，觉得汉朝人才济济，不能小视，出兵攻打实在难以占上风，便偃旗息鼓退兵了。

原来何塘只是在“天心取米”四个字上各添加了一笔，变成“未必敢来”，以居高临下的口吻向匈奴显示了汉朝的实力，吓退了蛮夷。

【语文之趣】 听听汉字的对话吧！

“自”对“白”说：你单位裁员了？

“土”对“丑”说：别以为披肩就好看，其实骨子里还是老土。

“晶”对“品”说：你家难道没装修？

“个”对“人”说：不比你们年轻人，没根手杖几乎是寸步难行。

“且”对“但”说：胆小了，还请了保镖？

“茜”对“晒”说：出太阳了，咋不戴顶草帽。

“办”对“为”说：平衡才是硬道理。

“吕”对“昌”说：和你相比，我家徒四壁。

“占”对“点”说：买小轿车了？

“叉”对“又”说：啥时候整的容啊？脸上那颗痣呢？

【勤学好思】 添笔、转字都是很有趣的游戏，例如：“亘”添一竖便成为“车”（繁体），“由”旋转一百八十度即变为“甲”。这样的字你还能想出多少？

杨修以字揣心意

三国时，曹操帐下有位主簿叫杨修，此人聪明过人。曹操下令建造一座相府花园，园门建成后，曹操亲自前去，打量片刻，也不说园门建得如何，只是取笔在门上写一个“活”字。工匠都不知道曹操之意，十分心焦，害怕不按照丞相的要求改建将会受责，于是去请教相府谋士。众谋士均不解何意，唯有杨修说：“‘门’中‘活’字乃是一个‘阔’字，丞相嫌园门太阔了。”众人听后，都觉有理。于是，工匠重新改造园门后，又请曹操来看，曹操看后非常满意也十分惊讶，问道：“是谁猜着了我的意思？”手下人说：“是杨修。”曹操当众将杨修夸赞了一番。

另有一次，有人从塞北送给曹操一盒酥，曹操在盒上写了“一合酥”三个字，置于桌上。众人均不解，放了几天无人敢动。此时，杨修看见，竟然把装酥的盒盖掀下来，用汤匙分与众人，每人吃了一口。事后，曹操问杨修：“你怎么擅自把我的酥分给大家吃了？”杨修说：“丞相在盒上明明写着‘一人一口酥’，我怎能违抗丞相的命令呢？”

原来，“一合酥”，将“合”字拆开即为“人一口”，通读起来就是“一人一口酥”。杨修以其聪慧过人的才智，准确领悟了曹操的用意。

【文海拾贝】 相传很久以前，五岳之首的泰山顶上，有一块奇怪的石碑，上刻“虫二”两个字，许多游人都不解其意。有人请教有名的研究古文的大文学家郭沫若老先生，郭老解释道：“这两个字的意思是‘风月无边’。‘虫二’，两个字不是正好是‘风’（繁体字为風）和‘月’的中心吗？‘风’字与‘月’字去掉了边，所以叫‘风月无边’。”众人恍然大悟。原来风字的繁体字是“風”，去掉半包围部首之后就是一个“虫”字；“月”字去掉半包围部首之后就是一个“二”字，“虫二”两字，含蓄有趣，用字巧妙，令人称绝。

【勤学好思】 汉字魔方，奇妙非常，下面这组对联便十分绝妙：

白水“泉”边女子“好”少女更“妙”，

山石“岩”下古木“枯”此木为“柴”。

如此的拆字、组字游戏，你还能想出来吗？

鲤鱼避讳成“赤鲟公”

黄河鲤鱼是中原宴席上有名的美味佳肴，但唐朝法律中却明文规定：鲤鱼要叫“赤鲟公”，严禁捕食；若偶然捕获，必须马上放生，出售者要打60大板。

唐代统治者为何禁止人们品尝这种美味呢？这体现了中国历史上所特有的避讳制度。“普天之下，莫非王土；率土之滨，莫非王臣”，君主与尊长对于自己的名号拥有绝对的专利，任何人都不可以直呼其名；假若要称呼，也必须改用其他的方式，这就是所谓的避讳。

据《左传》等史书记载，避讳大约起源于西周，秦汉时期渐渐完备。1975年年底，湖北云梦县睡虎地出土的秦代《语书》竹简之中，有“以矫端民心”、“毋公端之心”等文。在这之中的“端”本应是“正”，这显然是因为避讳秦始皇名字中的“政”而改的。

三国后，人们不只需避讳和君主、尊长名字一样的字，而且要避讳音同或者是音近的字，叫做“嫌名”。

唐宋时，避讳的禁令则更加严格，不只当世皇帝的名号不允许有丝毫的触犯，连已死皇帝的庙号也要避讳。到了清朝，尤其是雍、乾之世，讳禁之严格，更是登峰造极，触犯讳禁成了文字狱重要的判刑根据。

历代封建王朝的讳制有弛有密，讳禁有宽有严，根据政治需要而各有不同，但是就避讳的方式来说，大致有改字法、空字法、缺笔法三种。

严格的避讳制度与讳禁条例，构成了中国封建专制统治的一个特殊画面。唐朝皇族姓李，根据避讳制之中的“嫌名”原则，“吃鲤（鱼）”，也就是“吃李”。在执政者看来，这不只是大大的“不敬”，且是对李氏王朝公开的挑衅，于是就有了一个禁止捕鲤的通令，鲤鱼被尊称为“赤鲟公”。在整个唐朝，鲤鱼的家族因为有了这一纸诏书而免去了刀俎烹饪之患，它们畅游江河，毫无顾忌，令其他鱼类羡慕不已。

【语文之趣】 以前，有个书生带着仆人进京赶考。途中，书生的帽子一下子被风吹落在地。他知道仆人走在后面，定会拾起，便没有去理会，照样向前赶路。哪知仆人看到后，以为主人不知，就挑着行李快步赶上，气喘吁吁地说：“相公，帽子……你的……落地了。”话说着，一不小心，脚下一滑，把挑的行李也摔在了地上，仆人傻笑一下，对书生说：“您看，不小心都落地了。”

说者无意，听者有心，书生听后，大为不快，因为赶考落第即名落孙山。于是，他一再叮嘱仆人：“从此以后，凡有东西掉在地上，不许你再说‘落地’，要说‘及地’!”“及地”谐“及第”，即高中进士之意。

仆人听了书生的叮嘱，连连应道：“记住了，记住了。”

两人继续前行，走到一段崎岖不平的山路。书生很不放心，唯恐东西掉落，仆人再说出不吉之言，便不时回头提醒。仆人拍着胸脯保证说：“相公请放心，这次是无论如何也不会及地的!”一句话将书生气个半死。

【勤学好思】 唐宋八大家之一的柳宗元的《捕蛇者说》末尾有一句：“故为之说，以俟夫观人风者得焉。”其中有一字为避讳，用别字替代，你知道是将何字改为何字吗?

“王”加一点有讲究

相传，唐朝时有个秀才，名叫任王。这一年，他赴京赶考，竟然中了头名状元，高居榜首。唐宣宗于金銮殿上接见三甲，新科状元三跪九叩之后说：“新科状元——任王，参见吾皇，万岁，万岁，万万岁。”宣宗皇帝听到任王的名字后，十分不悦，心想：朕乃一国之主，人中之王，你怎敢称“人王”?宣宗就对任王说：“朕觉得你的名字不妥，就赐你在‘王’字上加一点吧。”任王连连叩头谢恩。

过了不久，任状元向皇帝上进一份奏折，宣宗见上面署名是“任主”，不由火冒三丈，想来自己真命天子才是万民之主，任王此一更名又犯了他的忌讳，随即怒喝道：“大胆，朕让你改名，你竟然抗旨违命，真是罪该万死。”任状元连忙解释：“万岁，我已将名字改了。”宣宗气从中来：“还敢狡辩，朕让你改成任玉，你为何改成任主?”任状元不慌不忙地说：“启奏万岁，您赐给小臣的这一点，小臣只能顶在头上，天天供奉，哪敢夹在腰间，如此之大不敬呢?”宣宗皇帝听了，想想倒也有道理，便不再追究了。

【举一反三】 汉字中有一个有趣的现象，是三个一样的字可以重新组合成一个新的汉字，例如：

众：三人为众，意为人多。

垚：三土为垚（yáo），山高。

淼：三水为淼（miǎo），水大。

犇：三牛为犇（bēn），同“奔”。

焱：三火为焱（yǎn），火焰。

磊：三石为磊，石多。

晶：三日为晶，光亮。

矗：三直为矗（chù），直立高耸。

骉：三马为骉（biāo），群马奔腾。

森：三木为森，树木多。

猋：三犬为猋（biāo），迅速。

轟：三车为轟（hōng），“轰”字的繁体字，象声词。

掱：三手为掱，掱（pá）手同“扒手”。

羴：三羊为羴（shān），“膻”的异体字，羊肉的气味。

鑫：三金为鑫，财富兴旺。

鱻：三鱼为鱻（xiān），味鲜。

【勤学好思】 一次黄庭坚设宴请苏东坡吃鱼，请柬上写“半鲁候教”，是说准备了“鲁”字的一半请你吃。几天后，苏东坡回请黄庭坚，请柬上写的也是“半鲁候教”四字。黄庭坚如约来到，苏东坡却将他带入阳光明媚的后花园中。你知道苏轼如何向好友解释吗？

巧妙断句 变诗为词

一次，永乐皇帝让解缙在一柄做工精致的折扇上题词。解缙展开一看，扇面上有一幅颇有意境的山水画，是根据唐朝诗人王之涣的《凉州词》的诗意画的。这首诗是：

黄河远上白云间，
一片孤城万仞山。
羌笛何须怨杨柳，
春风不度玉门关。

于是解缙就在扇面上写下这首诗呈给永乐皇帝。永乐皇帝见诗画相得益彰，正待点头称是，忽然眉间一皱，勃然大怒。原来解缙一时疏忽，竟将诗中的“间”字漏写了。皇上将折扇掷下，解缙稍作镇定，从容应对道：“这并非王之涣的《凉州词》，而是我另外作的一首《凉州词》，与王之涣的那首仅一字之差。王之涣的《凉州词》虽名为词实为诗，而我题的这首才是名副其实的‘词’。”随即吟咏：“黄河远上，白云一片，孤城万仞山。羌笛何须怨，杨柳春风，不度玉门关。”

原来，在古代的书法上没有标点符号，这样一念却也别有新意。解缙念得有声有色，抑扬顿挫，皇帝虽知他在狡辩，但因解缙亦能自圆其说，便也不予追究了。

【异曲同工】 唐代诗人杜牧有一首脍炙人口的七言律诗《清明》：

清明时节雨纷纷，路上行人欲断魂。
借问酒家何处有？牧童遥指杏花村。

只需将标点稍作改动，便可变成一首词：

清明时节雨，纷纷路上行人，欲断魂。
借问酒家何处？牧童遥指——杏花村。

【勤学好思】 依旧是这首《清明》，无须增减一字，只添加标点，即可使之成为一组时间、地点、场景、对话皆备的电影剧本。

[清明时节，雨纷纷。]

[路上]

行人：（欲断魂）借问酒家何处有？

牧童：（遥指）杏花村！

与此类似的诗词，你能找到吗？

纪晓岚妙解“老头子”

纪晓岚是清乾隆年间的大才子，他聪颖睿智，出口成章，风趣幽默，连皇上也十分喜欢。

乾隆素知纪晓岚体态肥胖，多汗怕热，夏天总喜欢脱衣纳凉，因此就想戏弄他一下。这日，纪晓岚正赤着上身与人聊天，乾隆忽然走进，纪晓岚猝不及防，衣不蔽体，情急之下，钻入案底。乾隆心知纪晓岚藏于桌下，便假意要走，纪晓岚不明就里只顾问下人：“老头子走了？”一句话被皇上抓个正着。

乾隆坐了一个时辰，不走，也不说话。纪晓岚趴在地上，屏气凝神，心里发慌，加上天热，不觉大汗淋漓。

这一下乾隆也忍俊不禁，说：“你如此无礼，说出这等轻薄话。你给我解释清楚，有理则可以，没有理可就要杀头了！”

纪晓岚说：“臣还没穿衣服，怎么回圣上的话呢？”

乾隆让太监给他穿上衣服，说：“亏你还知道跟我说话要穿衣服。别的不讲，我问你，‘老头子’是怎么回事？”

趁穿衣服的时候，纪晓岚已经想好了说辞，他十分恭敬地对皇上说："皇上万寿无疆，还不是'老'吗？万物之首，皆为'头'，您老人家顶天立地，是百姓之'头'呀！帝王以天为父，以地为母，对于天地来讲，就是'子'，而且'子'乃圣人之称，孔子孟子皆称为'子'，连在一起就是'老头子'。"说的都是好话，乾隆也龙颜大悦。纪晓岚松了一口气，想：日后可不敢随便称呼皇上了。

【异曲同工】 明朝崇祯帝在位时，曾让宦官装扮成普通百姓，去前门找一位占卜异常灵验的测字先生问国家前程。宦官随口说了个"有"字，先生在纸上写了"有"说："大明江山不保矣！'有'是'大'字去掉一捺，'明'字去掉'日'而成，暗示大明江山已丢了一半。"宦官一听不吉利，马上改口说他要测的是朋友的"友"，先生面色沉重说："'反'字出头，朝不保夕啊。"宦官又改口说，他说错了，原本想测的是酉时的"酉"，先生摇摇头："九五之尊割头去尾，倾覆在即啊！"其实测字先生本是起义军假扮的，崇祯得到回话，认为天意如此，便彻底失去斗志了。

【勤学好思】 在秦始皇统一汉字后，汉字的数量也在不断地增加，很多新造的字不断出现：隋文帝杨坚原为随国公，但因"随"字的"辶"有不稳定之意，而造"隋"字作为国号。

唐朝武则天造字"曌"（zhào）为她的名字，五代南汉刘岩造"龑"（yǎn）作为他的名字，你能体会出这两个字是分别根据何意而造吗？

巧借"竹苞"戏和珅

纪晓岚是清朝乾隆年间的翰林院学士，不仅通经晓史、能诗善文，而且生性幽默诙谐。他蔑视权贵，常以一些意想不到的妙招讽刺权贵王孙。

有一次，当朝尚书和珅为了附庸风雅，在他府宅的后花园修建了一座书亭，并请纪晓岚为它题匾。纪晓岚一向厌恶和珅媚上欺下、奸猾狡诈、贪得无厌，又早就知道和珅的几个儿子全都是胸无点墨的纨绔子弟，便有意戏弄一下，挥笔写下了"竹苞"两个字。和珅看了，以为纪晓岚是取"松茂竹苞"的意思，倒正合了书亭四周翠竹青郁、林叶茂盛的景色。和珅大赞这两个字妙极、巧极，还找工匠把这两个字精雕细刻，悬挂于书亭上。

过了些日子，乾隆皇帝来到和珅府上，看见他新修的书亭。和珅兴致勃勃地看着书亭上的匾额赞不绝口，告诉皇帝这是纪晓岚所题。乾隆皇帝抬头看了看匾额上那两个龙飞凤舞的大字，突然仰天大笑。

和珅被笑得莫名其妙，不明就里。乾隆忍住笑，指着那两个字说：“和爱卿，这是纪学士在嘲笑你呀！”和珅又抬头细看。乾隆解释说：“竹苞，拆开来看，不就是‘竹草包’之意吗？纪学士在嘲讽你呢。”和珅气得哭笑不得，又无法发作。

【举一反三】 其实不止和珅被纪晓岚戏弄过，乾隆皇帝也曾吃过哑巴亏。相传，一日纪晓岚与乾隆谈及谜语，乾隆从金銮宝座上伸出一只脚，说：“人言爱卿聪慧过人，朕以此出一个谜，打一字，你能猜得出吗？”纪晓岚正颜道：“微臣已猜到，不过要请万岁恕我无罪。”乾隆允诺，纪晓岚说：“是个蹄字。”乾隆大怒，纪晓岚解释道：“脚者，足也。万岁，皇帝也。蹄字是由足、帝二字组合而成的。故唯有万岁爷的脚，才堪称帝足矣。”乾隆皇帝闻之确也有理，只好不予追究。

【勤学好思】 汉末有首民谣“千里草，何青青，十日卜，不得生”，是一句谶语，言汉献帝时奸相董卓僭位，不得善终。你能领会这四句拆字民谣的妙处吗？

小小一撇改战局

1930年5月，中原大地上爆发了国民党党内大战。以冯玉祥、阎锡山为一方，蒋介石为另一方，在河南省南部拉开战争序幕，双方共投入了100多万兵力。

战前，冯玉祥与阎锡山约定在河南北部的沁阳会师，集中兵力歼灭蒋军。然而，冯玉祥的作战参谋在拟定命令时，把“沁阳”写成“泌阳”，多写了一撇。无巧不成书，泌阳也是河南省的一个县，只不过，沁阳在黄河北岸，而泌阳却在河南南部桐柏山下，两地相距数百公里。冯玉祥的部队依据命令错误地开进泌阳，没能和阎锡山的部队会合，贻误了聚歼蒋军的时机，让蒋军夺得了主动权，致使冯阎在后面的作战中处处被动挨打，以失败而告终。如果当时参谋不多写那一撇，冯阎联军得以顺利会师，中原大战的结局可能就会改写，历史也可能呈现另一幅画卷。

【语文之趣】 相传，清末大臣李鸿章有个远房亲戚，不学无术，胸无点墨，却想通过科举，平步青云。这年正好是大考之年，他前去参加乡试。试卷到手，他一脸茫然，心想：我是中堂大人的亲戚，把这个关系写在考卷上，考官看了，怎敢不录取？于是他提笔，在考卷末尾写下一行字：“我乃李鸿章中堂大人的亲妻。”可笑他“戚”字不会写，竟写成了“妻”字。哪知这年的主考官，为人正直耿介，见这张文理不通的考卷卷末还另写了一行字，不禁又好气又好笑。于是，提起朱笔在旁批复："故，我不敢娶（取）！"

【勤学好思】 清末一位教书先生发现学生经常写错别字，便时常予以提醒。这日，一位学生又把"车辇"的"辇"、草菅人命的"菅"写成了别字，先生写了一副对联点明，学生看后恍然大悟。你知道学生将这两字写成了哪两个别字吗？

辇（　　）共车，夫夫莫作非非想；

菅（　　）同官，个个都存草草心。

趣释姓氏评时局

国共重庆谈判期间，毛泽东一首《沁园春·雪》，气势磅礴，意境深远，在山城文艺界震动空前。当时文艺界的名流，借谈判的空隙，邀请毛泽东作了一次演讲。演讲结束后，有人问道："假如这次谈判失败，国共全面开战，毛先生有没有信心战胜蒋先生？"

毛泽东十分认真地说："国共两党的矛盾，是代表两种不同利益的矛盾。至于我和蒋先生嘛……"他故意拖了拖腔，又接着说，"蒋先生的'蒋'字，是将军的'将'字头上加一棵草，他不过是一个草头将军而已。"话说至此，他情不自禁地发出了爽朗豪迈的笑声。

"那毛——"

不待有人问完，毛泽东紧接着说："我的毛字，可不是毛手毛脚的'毛'字，而是一个反'手'。"其言下之意是：代表大多数中国人民根本利益的中国共产党，要战胜代表少数人利益的国民党——易如反掌。

毛泽东这一对姓氏巧妙的即兴解说，风趣幽默、意义深远，表达出了他本人对中国革命必胜的坚定信念。

【语文之趣】 听听汉字的对话吧！

"兵"对"丘"说：看看战争有多残酷，两条腿都炸飞了！

"木"对"术"说：脸上长颗痣就当自己是美人了。

"比"对"北"说：夫妻一场，何必闹离婚呢？

"臣"对"巨"说：和你一样的面积，我却有三室两厅。

"尺"对"尽"说：结果出来了，你怀的是双胞胎。

"日"对"曰"说：该减肥了。

"巾"对"币"说：儿啊，你戴了博士帽，也就身价百倍了。

"人"对"从"说：你怎么还没去做分离手术？

【勤学好思】 《史记》曰：“天下熙熙，皆为利来。天下攘攘，皆为利往。”“利”字拆开来看，是指成熟的庄稼，必须用镰刀收割；又指为了保护禾苗，防止他人偷盗，必须持刀看护；见利忘义必招致杀身之祸。再如，“名”字，当人奋斗成名，通常也已日薄西山；古时多有祸从口出，致使名声不保。汉字中蕴藏着深意，你能猜猜“钱”字的意义吗？

妙添一字值万金

喜剧大师卓别林一生热爱和平，1938 年他编写了以讽刺和揭露第二次世界大战为主题的电影剧本《独裁者》。第二年，一切准备就绪，《独裁者》就要开机，派拉蒙电影公司的人却找上门来说，《独裁者》这个片名是该公司使用过的，公司拥有绝对的权利，所以不许卓别林擅自使用；如果一定要用的话就要支付 25000 美元“转让费”，否则双方将对簿公堂。

几次谈判未果，派拉蒙公司丝毫不肯让步，卓别林灵机一动，在自己的片名上果断地加上了一个“大”字。他亲自跑到派拉蒙公司，说：“你们这个《独裁者》，只是个普通的独裁者，而我是个大独裁者，我们之间毫不相干。”派拉蒙公司哑口无言，《大独裁者》不但省下了 25000 美元，而且一个“大”字更贴切地反映出希特勒的独裁统治，该片公映后便轰动世界。

一字万金的“大”字是卓别林大师灵机一动的神来之笔，让唯利是图的电影公司无计可施。一个字的魔力令人啧啧称奇，不要忽略不起眼的蝇头小字，有时它们也是点睛之笔哦！

【举一反三】 美国著名作家马克·吐温，善于幽默讥讽。有一年，他的一篇文章刊登在报纸上，其中一句直言不讳地骂道：“有些国会议员是狗娘养的。”一石激起千层浪，在国会里引起一片哗然，强烈要求马克·吐温否定他的说法，公开予以更正，并赔礼道歉。马克·吐温答应了，在第二天的报纸上，公开“更正”，说：“……现在我更正如下：有些国会议员不是狗娘养的。”他这一否定性的更正，只在原句基础上加了一个“不”字，实际上却再一次重复强调了“有些国会议员的丑态”，而国会也拿他无可奈何。

【勤学好思】 有时一个“不”字可以使你摆脱困境，逆向思维，否定作答，往往可以有意想不到的效果。

马克·吐温曾称赞一位贵夫人：“您的美丽让人倾倒。”该夫人却十分傲慢地说：“抱歉，我不能用同样的话称赞您。”马克·吐温话锋一转，委婉地否定了自己刚才的一句话，表现了他的风度与幽默。你知道他说的是什么吗？

小标点蕴藏大趣味

奇特的书信

法国著名作家雨果完成了《悲惨世界》的手稿后，将其寄给了出版社，过了许久不见回音，于是，他提笔给出版社写了一封信，“？——雨果”。出版社的编辑很快回复，“！——编辑室”。雨果见信，心中一块石头落地。果然，不久之后，《悲惨世界》出版，轰动了整个欧洲文坛；而这封以一个标点符号为内容的奇特书信，也被称为世界上最短的信，流传至今，被后人津津乐道。别出心裁，妙用标点，一切尽在不言中，内容含蓄，表述准确，意义深远。

标点传记

美国一位名叫巴尔卡的心理学家曾在一次青年人的聚会上，收到一份特别的自传，上面只有三个标点：（——）（！）（。）。自传人沮丧地解释：一阵横冲直撞，落得个伤心自叹，最终抱憾结束一生。巴尔卡听了解释，付之一笑，也用三个标点写了份自传：（、）（……）（？）。他热情地鼓励这位自暴自弃、垂头丧气的青年：青年时期是人生暂时停顿的驿站，道路漫长，希望无边，岂不闻浪子回头金不换？

我不在乎

19世纪，德国有位著名编辑奥多尔·冯达诺曾经收到一个青年作家寄来的几首拙劣的诗作，文笔不通，连标点符号也没有，随附一信：“我对标点向来是不在乎的，请您用时自己填吧。”冯达诺迅速做出回应，退稿附信说：“我对诗向来是不在乎的，下次请您只寄些标点来，诗由我自己来填好了。”

巧难书局

20世纪30年代，上海有家书局，只按实际字数算稿费，标点符号不肯计算在内。于是，鲁迅先生有一次给这个书局寄去一份稿子，既没划分段落，更无一个标点。书局无奈，只得写信给鲁迅：“请先生分一分章节和段落，加一加新式标点符号。”鲁迅回信说：“既要作者分段加标点，可见标点和空格还是必要的，那就得把标点和空格也算字数。”书局只好认输。

【举一反三】 标点符号在文章中的作用十分奇妙，一个标点的不同有时便会产生截然相反的文字效果。比如，孙犁的著名短篇小说《荷花淀》里有这样一句话：“你走，我不拦你。家里怎么办？”

这是丈夫要去游击队参加抗日的前一个晚上，妻子说的话。如果把这句的句号改为逗号，表达效果便明显不同了。

“你走，我不拦你。家里怎么办?”表明妻子深明大义。

“你走，我不拦你，家里怎么办?”则将妻子刻画成只顾自家，拦阻丈夫参加抗日的落后妇女了。

【勤学好思】 从前，有个非常吝啬的财主，想为儿子请一位教书先生。他为人尖酸，平素待人十分刻薄，大家都不愿前去，只有一位年轻书生欣然前往，同财主立了一张字据，上面写道：“无鸡鸭亦可 无鱼肉亦可 无米面亦可 青菜萝卜万不可少 不得工钱”

财主看了非常高兴，他想只需粗茶淡饭招待而且不用掏学费，感到占了大便宜。可是到了年底，书生与财主起了争执，双方对簿公堂，县官让书生念一遍所立字据。书生念过之后，财主顿时傻眼，只得将工钱与饭钱付与书生。

书生是如何念的，仔细想想哦！

“还”字多音值千金

古语有“一字千金”一说，北京市朝阳区人民法院曾经审理的一起奇怪的案件，却从另一方面印证了这一说法。

1997年9月15日，林某骑自行车时被刘某驾车撞伤，经交警部门调解处理，刘某赔偿林某医疗费9700元，并在欠条上注明欠款数额和日期。1998年5月13日，刘某到林某家还款时，在欠条下方写下“还欠款捌仟柒佰元整”，但未签名。后林某索要欠款时，因刘某称已还款8700元而发生纠纷。林某诉至法院，请求追回尚欠的赔偿费8700元。

因欠条上写的“还欠款捌仟柒佰元整”的“还”字是多音字，而争议的焦点就在这个字上，究竟是“hái”还是“huán”？林某提供不出充分的证据。8月28日法院做出驳回其诉讼请求的判决。

汉字博大精深，多音多义，奇妙多多，无论是契据书写还是日常行文，准确用词遣字都是不可忽视的。

【语文之趣】 我国著名的语言学家赵元任，曾巧妙运用中国汉字一音多字的特点，写过一篇有趣的《施氏食狮史》的故事。全文如下：

石室诗士施氏，嗜狮，誓食十狮。施氏时时适市视狮。

十时，适十狮市。是时，适施氏适是市。施氏视十狮，恃矢势，使是十狮逝世。氏拾是十狮尸，适石室。

石室湿，施氏使侍拭石室。石室拭，施氏始试食十狮尸。食时，始识十狮实十石狮尸。试释是事。

虽然这则故事本身十分荒诞，然而，赵元任以精炼的文笔，把故事讲述得如此完整有趣，实属不易。其构思之精巧，用字之讲究，令人折服。

【勤学好思】 旧时有个很能干的人，什么事情都会做，他开了一间店铺做生意，开业当天，他挂出一块牌匾，上写着“行行行行”。大家十分奇怪，不知这店名应怎样读，也不知这店是做什么生意的。你知道吗？

成语换字　妙用谐音

成语的换字活用是一种独特的表达方式，故意换掉成语的某个字以达到特殊的效果。然而不管是否适合便盲目换字，运用成语表达特殊含义，常常事与愿违，让读者读来十分别扭。

作家沙叶新曾写了一篇短文来讽刺这种成语换字现象的泛滥。他写道：一日，在报上看到一则痔疮新药的广告，广告用语四个大字“痔者必得”非常醒目……夜有所梦，梦中，我去这家“痔者必得”的痔药厂购买新药。只见厂内黑压压的一片，全是痔同道合、踌躇满痔者，煞是壮观。厂长出来接待，并痔辞：“同痔们，你们好！我代表‘痔者必得’全体职工欢迎大家。痔疮是常见病、多发病，不但老年人老骥伏枥、痔在千里，青壮年也壮痔凌云，就是小孩也有痔疮，有痔不在年高嘛！如今是十男九痔，十女九痔，无所不痔，无微不痔，不久就要全民所有痔！所以我厂全体同痔，斗痔昂扬，专心致痔，终于有痔者事竟成，研痔成功了‘痔者必得’特效药，欢迎诸位试用！”于是我和同痔们都争相购买“痔者必得”，并立即服用。梦醒后，我发现我的痔疮并未见好，肛门部位仍然淋漓尽痔！

【举一反三】 现在有许多谐音广告，将成语换字，却也别有一番意趣。

驱蚊水：“默默无蚊（闻）”的关爱

浴霸：“随心所浴（欲）”

电熨斗：“百衣（依）百顺”

山地车：“骑（其）乐无穷”

节日礼品：“百礼（里）挑一”

【勤学好思】 以“多财（钱财）多艺”“据礼（礼品）力争”分别形容某些演员或官员，你能体会其中的妙处吗？

第三章　闲情雅趣品诗词

趣读本章

中华诗词文化，内涵丰富，气象万千，体现了中国文化底蕴的个中精髓。

“诗可以兴，可以观，可以群，可以怨”。中华传统诗词以其深远的意境、丰沛的感情、凝练的语言、纯熟的创作手法令后人叹为观止。每一篇诗词佳作都是诗人词人用思想与灵魂谱就的华美乐章。

本章选取了一些诗词名篇、名家的故事，在故事中展现诗词的华韵，在诗词中穿插有趣的故事，“文章合为时而著，诗歌合为事而作”，了解诗词的背景文化则更能体味诗词的思想内涵。

精彩绝妙回文诗

汉语中修辞格的形成是由于汉语语序规律和语法的特点所致。

汉语中的回文修辞十分常见，沙叶新为母校华东师大题词“师大出大师”就是利用了回文特点。古代也有许多回文妙联，如：“秋中赏月对高楼，月对高楼酒上游；游上酒楼高对月，楼高对月赏中秋”等。与对联相比，回文诗则构思更妙，难度也更大。

有一首《夫妻相忆》诗，回文格用得非常巧妙：

枯眼望遥山隔水，
往来曾见几心知？
壶空怕酌一杯酒，
笔下难成和韵诗。
边路阻人离别久，
讯音无雁寄回迟。
孤灯夜守长寥寂，
夫忆妻兮父忆儿。

这首诗顺着读时，表现了丈夫离乡背井，鸿雁隔绝，夜守孤灯的寂寥，抒发了对妻子的深切思念，不愧是一首情真意切的“夫忆妻”佳作。但是，如果颠倒过来内容也随之反过来，变成一首“妻忆夫”的好诗。

儿忆父兮妻忆夫，
寂寥长守夜灯孤。
迟回寄雁无音讯，
久别离人阻路边。
诗韵和成难下笔，
酒杯一酌怕空壶。
知心几见曾来往，
水隔山远望眼枯。

回文诗是我国古典诗歌中一种较为独特的体裁。据唐代吴兢《乐府古题要解》的释义是："回文诗，回复读之，皆歌而成文也。"回文诗在创作手法上，突出地继承了诗反复咏叹的艺术特色，来达到其"言志述事"的目的，产生强烈的回环叠咏的艺术效果。刘坡公《学诗百法》言："回文诗反复成章，钩心斗角，不得以小道而轻之。"因此，回文诗并非简单的文字游戏。刘勰在其《文心雕龙》中说，回文为道原所创，后又失传。自西晋以来，历代诗家在回文诗的创作上各擅胜场，各领风骚。如庾信、白居易、王安石、苏轼、黄庭坚、秦观、高启、汤显祖等，均有回文诗传世。经过历代诗人的开发与创新，回文诗出现了千姿百态的形式：有连环回文体、藏头拆字体、叠字回文体、借字回文体、诗词双回文体，等等。宋代是回文诗创作的鼎盛时期，这一时期的回文诗，不但可以使诗词字句回旋往返，成义可诵，而且颇具诗之意境。

【文海拾贝】　写景的回文诗，以清代女诗人吴绛雪的《四季回文诗》为代表作，这首诗妙在把十个字用辘轳体和回文体结合起来，每首上两句用辘轳体，下两句用回文体。

《春》：莺啼岸柳弄春晴，夜月明。

莺啼岸柳弄春晴，柳弄春晴夜月明。明月夜晴春弄柳，晴春弄柳岸啼莺。

《夏》：香莲碧水动风凉，夏日长。

香莲碧水动风凉，水动风凉夏日长。长日夏凉风动水，凉风动水碧莲香。

《秋》：秋江楚雁宿沙洲，浅水流。

秋江楚雁宿沙洲，雁宿沙洲浅水流。流水浅洲沙宿雁，洲沙宿雁楚江秋。

《冬》：红炉透炭炙寒风，御隆冬。

红炉透炭炙寒风，炭炙寒风御隆冬。冬隆御风寒炙炭，风寒炙炭透炉红。

【勤学好思】　你能说出回文诗的妙处与艺术特色吗？

通俗风趣打油诗

唐朝时，有一个读书人叫做张打油。一日，天降大雪，大地一片白茫茫的，煞是好看。张打油对着美景，随口吟了一首诗："江山一笼统，井口黑窟窿。黄狗身上白，白狗身上肿。"有人一听就乐了："您这也叫诗？俗不可耐。"

张打油振振有词地反驳道："此诗所写乃最真实的雪景！"

人们仔细一琢磨，才发现这诗确实很别致，下雪天，江山一片混沌；白雪落井沿，井口成了一个黑窟窿。而黄狗身上落了雪，成了白的；白狗身上落上雪，的确像身上肿起来了。十分形象！因此，张打油会作“歪诗”的名气就传开了。

又一日，县官去庙里烧香，见庙门前墙上写着一首诗，其中有几句是：有朝一日天晴了，使扫帚的使扫帚，使锹的使锹。县官一看很不高兴，说：“寺庙是庄严之地，人人都应该严肃、郑重。是谁这么胆大妄为，把这种俗气的诗写在这里？”

一个随从说：“大人，这种诗只有张打油才能作得出来。”县官于是就命人去捉拿张打油。县官见了张打油，喝道：“寺庙是庄严之地，你不恭恭敬敬地烧香，反而在此题了这首乌七八糟的诗，有辱斯文。”

机敏聪慧的张打油却也不惊慌，说：“大人，这诗如此粗俗，怎么会是我写的呢？我是个读书人，写的诗自然都很文雅。不信，我作首诗请您对比一番就清楚了。”

县官一听觉得有道理，就说：“目前有一股贼兵，正被困在南阳城中，你就以此为题作首诗吧！”

张打油思索片刻，吟道：“百万贼兵困南阳，也无援救也无粮。”县官点点头：“看来这墙上的诗确实不是你写的。”

张打油又吟道：“有朝一日城破了，哭爹的哭爹，喊娘的喊娘。”这几句一出口，众人忍不住哄堂大笑：“这和墙上的诗完全是一个腔调嘛！”县官也被逗乐了，就没有治张打油的罪。

这样一来，“打油诗”就被传开了。这些诗通俗、易懂、顺口又十分风趣，百姓非常喜欢，打油诗即由此而来。

【举一反三】 从前有一首奇妙的打油诗，在新中国成立前夕颇为流行。这首诗虽然只有四句，但无论从形式还是内容看都十分耐人寻味。这首打油诗是：

一个中国人四面荒凉，
两个中国人三番商量，
三个中国人二心不定，
四个中国人一场麻将。

此诗真实地反映了国民党反动统治摇摇欲坠，大小反动官僚在反动政府即将土崩瓦解之际纷纷作鸟兽散的心理情状。

这首诗用词精炼而不失质朴，“四面荒凉”、“三番商量”、“二心不定”、“一场麻将”生动形象，且透露出辛辣的嘲讽。纵观四句诗，每句诗的前半句是按一、二、三、四的顺序排列，后半句则按四、三、二、一的顺序排列。这种顺序颇有情趣，前两句头轻尾重，后两句则又头重尾轻。联系内容，使人联想到一条受了重伤的毒蛇在濒临死亡前的那种摇头摆尾的可悲形象。这种打油诗又叫做“摇头摆尾诗”，名副其实，十分精妙！

【勤学好思】　古人云：“公卿大夫，好恶不同。”

你喜欢这种幽默风趣的打油诗吗？唐代诗僧寒山有一首《瞒人汉》，风趣诙谐，诗云：

我看瞒人汉，
如篮盛水走，
一气将归家，
篮里何曾有？

若以一俗语概括，是什么呢？

桃花依旧笑春风

唐德宗贞元年初，崔护考进士未中，便在长安找个住处继续攻读，以备来年再考。清明节那日，崔护去城南漫步郊游。他愈走愈远，来到一处不曾来过的地方。小桥、流水、芳草遍地。举目望去，一片灿烂的桃林深处，一户竹篱农家。

这时，他感到有些口渴，便来到竹篱外，叩响篱门，高声问道：“有人在吗？”

随着应声，柴扉轻启。一位清丽少女走了出来。“笑靥如桃艳，相看两不厌；执手更无言，秋波留一转。”

崔护连忙作揖说道：“小生这厢有礼了，只因踏青信步闲游，不觉口中干渴，还望姑娘给碗水喝！”

“家母不在，恐有不便。”少女低头说道。

“小生实在是干渴难当，还望姑娘通融。”

“那……好吧。”不久，少女手捧香茶一碗来到低矮竹篱边。

"多谢姑娘!"崔护接过茶碗，不由得四目交接。良久，少女猛然间面如桃花，转身奔入屋里。

饮罢香茶，崔护缓缓地把茶碗放在篱门外的草地上，"多谢姑娘，小生告辞了。"

走了不远，崔护回首，只见少女正倚门顾望，似恋恋不舍。

第二年又到清明时节。崔护又独自寻觅到南郊外。然篱门半掩，屋门紧闭，少女已不知踪影，唯院外桃林依旧迎风开放，落英缤纷。崔护心情沮丧之余，便在左门扉上题下了《题都城南庄》一诗：

去年今日此门中，
人面桃花相映红。
人面不知何处去，
桃花依旧笑春风。

这首描述物是人非、佳人难再寻的名作后被广为传颂。

【文海拾贝】 后人常用"人面桃花"比喻曾经结识又寻觅不得的佳人，正是物是人非，红颜不再。汉朝一位能歌善舞的艺人李延年曾借助一歌描绘其妹的绝美姿色："北方有佳人，绝世而独立。一顾倾人城，再顾倾人国，不知倾城与倾国，佳人难再得。"后来"倾国倾城"也用于形容女子的绝世美貌。

【勤学好思】 《诗经》中的《关雎》与《在水一方》都是描述绝妙佳人的名篇，你能试诵一下吗？

槛外长江□自流

初唐四杰之首的王勃，不仅以诗歌闻名于世，其名赋《滕王阁序》更是千古绝唱。王勃少年得志，文才飞扬，《滕王阁序》为其平生得意之作。

相传当年王勃寻父南下，在滕王阁登高远眺，写成了千古佳作《滕王阁序》，接着又一口气写了《滕王阁诗》。诗的最后两句"阁中帝子今何在？槛外长江□自流。"写完后，将手中羊毫一甩，扬长而去，留下一个天窗字让在场的许多文人墨客费尽心思，揣摩猜测。有的说天窗中应填"水"，有的说应填"独"，有的说应填"一"，众说纷纭，都不敢断言。

大家猜测不出，就派人骑马去追问王勃。王勃对追问者说："那个字不是空的吗？那就是个‘空’字！”王勃妙用天窗字，以一“空”字将自己对长江秋水的凭吊之意精确描绘，诗韵绵长，回味悠久。

【文海拾贝】　传说王勃溺水身亡处，过往行人常听到有人吟哦《滕王阁序》中的名句“落霞与孤鹜齐飞，秋水共长天一色。”后一书生路过，笑曰：“‘落霞孤鹜齐飞，秋水长天一色’即可，又何用‘与’、‘共’？”自此，鬼祟遂息。

【勤学好思】　其实王勃这流传千古的两名名句“落霞与孤鹜齐飞，秋水共长天一色”也是由另一首诗中化用而来。你知道那首诗原本的两句是什么吗？

借诗抒怀千古传

唐朝著名诗人李白在壮年时，曾游历到黄鹤楼，登楼远望滚滚长江东逝水，烟波浩渺，景色宜人，顿时诗兴大发，正想题诗抒怀，忽然抬头看见诗人崔颢题在黄鹤楼上的一首七律诗：

昔人已乘黄鹤去，此地空余黄鹤楼。
黄鹤一去不复返，白云千载空悠悠。
晴川历历汉阳树，芳草萋萋鹦鹉洲。
日暮乡关何处是，烟波江上使人愁。

此诗十分精彩，李白读后暗暗叫绝，自觉无法超越此诗境界，只得在这首诗下写道：“眼前有景道不得，崔颢题诗在上头。”

只因黄鹤楼上未能一展诗才，李白总想找时机作首诗以胜过崔颢这一佳作。后来，他在游金陵凤凰台时，灵感突至，文思泉涌，用崔颢这首诗的韵写下了《登金陵凤凰台》一诗：

凤凰台上凤凰游，凤去台空江自流。
吴宫花草埋幽径，晋代衣冠成古丘。
三山半落青天外，二水中分白鹭洲。
总为浮云能蔽日，长安不见使人愁。

李白的这首诗也堪称佳作，两首诗意境相若，文字都十分新奇，各有风韵，后都被广为传颂，名留千古。

【文海拾贝】 你知道吗？中国四大名楼分别为：江西南昌滕王阁，湖南洞庭岳阳楼，湖北武昌黄鹤楼和山西永济鹳雀楼。其中滕王阁因王勃名赋而屡废屡兴，岳阳楼因范仲淹的《岳阳楼记》而闻名天下，鹳雀楼因王之涣的《登鹳雀楼》绝句而享誉千年，黄鹤楼则因崔颢的《黄鹤楼》律诗而蜚声中外。

【勤学好思】 范仲淹在《岳阳楼记》中有两句千古名句表现了范文正公博大的胸怀与高尚的境界，你知道是哪两句吗？

春风又绿江南岸

北宋王安石有一首脍炙人口的七言绝句《泊船瓜洲》：

京口瓜洲一水间，钟山只隔数重山。
春风又绿江南岸，明月何时照我还。

有人曾见过王安石此诗的手稿，深感大家作诗精于炼字、精益求精的品质。从手稿中可以看出，为了第三句的完美，王安石再三斟酌，修改了多次。先是“春风又到江南岸”，然而“到”字十分平淡；后改为“过”，又无法体现出春风的特点；改为“入”与“江南岸”搭配不当；改作“满”也不恰当，与风流动的特点不符。

王安石绞尽脑汁，想出一个“绿”字，既赋予春风人性化的特点，又写尽江南春色，一字点睛。

【异曲同工】 清代诗人沈德潜说过：“古人不废炼字法，然以意胜而不以字胜，故能平字见奇，常字见险，陈字见新，朴字见色。”北宋文人张咏尊称官职小于他的萧楚材为“一字师”，就是因为萧楚材将其诗句中的一字做了修改而使得诗句更有深意。

原句为：独恨太平无一事，江南闲煞老尚书。

后改为：独幸太平无一事，江南闲煞老尚书。

【勤学好思】 苏东坡与其妹及挚友黄庭坚曾炼字论诗，

提及：轻风（　　）细柳，淡月（　　）梅花。

你能想出中间可填什么字吗？

柳絮飞来片片红

近代湘人朱克敬所撰《雨窗消意录》云：清朝书画家，“扬州八怪”之一金农，号冬心，一日应邀往蜀岗平山堂赴宴。席间东道主为助雅兴，以“飞红”为酒令赋诗一句。主人先吟出一句“柳絮飞来片片红”。语音刚落，四座哗然。众所周知柳絮乃白色，何来“片片红”？因此来宾中除冬心先生外，个个捧腹大笑。

金冬心素来才思敏捷，见主人一副尴尬面孔，有意替主人解围，急忙站起来，款款说道：“诸君何故发笑？适才主人所吟，乃是元代诗人所咏《平山堂》佳句，且听我道来。”遂朗声吟道：“廿四桥边廿四风，凭栏犹忆旧江东。夕阳返照桃花岸，柳絮飞来片片红。”

众宾客听了，齐声喝彩。真是诗中有画，桃花盛开，夕阳返照，整个空间都被染上一层红色，这时飞来的柳絮也不例外，自然是“片片红”了。大家都为冬心先生的博闻强记所折服。其实吟诵的哪里是什么元诗？不过是冬心先生的即席创作而已。

【语文之趣】 金农为“柳絮飞来片片红”设置了独特的场景，让原本有悖实际的话语成了创意独特的佳句。然而，有时文理不通即为不通，无论场景如何转换都无法自圆其说，比如，有这样两句诗：叶垂千口剑，干耸万条枪。用剑比喻坚挺的竹叶，以枪来形容挺立的竹竿倒也形象，然而，“千”“万”如此用，却让竹竿上仅有一片竹叶，岂不令人捧腹？

【勤学好思】 “柳絮飞来片片红”一句你还能想出其他合适的场景吗？如何更改让“叶垂千口剑，干耸万条枪”符合逻辑呢？

吹落黄花遍地金

北宋年间大文豪苏东坡年轻之时也曾恃才放旷，目中无人。一日，他听闻宰相王安石有两句诗：“明月当空照，黄犬卧花心。”大笑不止，放言此诗不通，应改作：明月当空照，黄犬卧花荫。王安石听说了便将翰林院苏轼召至府中。苏东坡见王安石书房案上有一首未完的咏菊诗：西风昨夜过园林，吹落黄花遍地金。

苏东坡暗笑："都说宰相素有文才，怎么作诗如此不合实际。""西风"即"秋风"，"黄花"为"菊花"，菊花傲然战秋霜又岂会随秋风一落遍地？于是，他提笔续了两句：

秋英不比春花落，说与诗人仔细吟。

王安石见到苏东坡的续笔，一纸调令将苏东坡贬到黄州任团练副使。苏东坡心中不服，颇有微词。然而他在黄州任职期间，却发现此地有明月鸟，月夜鸣叫，动听悦耳；此地有黄犬虫，素喜花蕊，以蜜为食。苏东坡此时才知自己孤陋寡闻却自以为是。这年秋日重阳，秋风飒飒，苏东坡于后园赏菊却见满地落英，黄花铺地，自觉羞愧，无言以对。

【异曲同工】 宋代著名科学家、文学家，《梦溪笔谈》的作者沈括曾对唐朝诗人白居易的《大林寺桃花》颇有微词。该诗为：

人间四月芳菲尽，山寺桃花始盛开。
长恨春归无觅处，不知转入此中来！

沈括认为桃花岂会于"芳菲尽"时盛开，直到他有一日见到了诗中奇景，才发现山势高度影响气温，推迟了山中节气。《大林寺桃花》一诗前有一篇序，常不为人所知，序中写道："（大林寺）山高地深，时节绝晚，于时孟夏月，如正二月天，梨桃始华（花），涧草犹短。人物风候，与平地聚落不同。"

【勤学好思】 "太阳雨"的奇特景色你见过吗？有一首诗便生动描绘了此景，你知道是哪两句吗？

飞入梅花都不见

清朝著名才子纪晓岚，文思敏捷、才华出众，常伴君侧，深得乾隆喜爱，官至协办大学士，曾编撰清朝巨典《四库全书》。

一日，乾隆与众臣在御花园观梅赏雪，大臣们奉承乾隆为"翰林天子"，请皇上以梅与雪为题作首诗。乾隆一时毫无诗兴，望着漫天飞舞的雪花，信口吟道：一片两片三四片，五片六片七八片，九片十片十一片——吟至此句，乾隆语塞，静思良久，众臣也均低头思索。纪晓岚微微一笑，轻声续了一句：飞入梅花都不见。

乾隆点头赞叹，众臣亦称妙绝。纪晓岚最后这点睛一笔让前面本平淡无奇的句子由平庸变有趣，实乃妙语生花。

【文海拾贝】 乾隆下江南时，曾命纪昀随行。过江时，恰逢仲秋。但见碧空如洗，烟波浩渺。一江秋色之中，忽见一叶扁舟飘荡而至。乾隆眼见万里秋江，耳闻渔歌悠扬，不禁心旷神怡，龙颜大悦，便乘兴召纪晓岚来，命其以十个“一”字入诗，纪晓岚思索片刻吟出一首《七绝》：

一篙一橹一渔舟，
一个梢头一钓钩，
一拍一呼还一笑，
一人独占一江秋。

乾隆不禁拍手称绝。十个“一”字勾勒出一幅意境幽远的江中独钓图。

【勤学好思】 一字诗中的“一”与李白《送友人》中“此地一为别，孤蓬万里征”的“一”有何区别，你能说出吗？

前村月落半江水

唐代著名边塞诗人高适任两浙观察使时，奉命到浙东台州（今浙江省临海县）巡察。路过杭州清风岭，便上去游玩，不觉天色已晚，借住于庙中僧房中。

晚饭过后，一轮明月，悬挂中天，清光四泻，树影婆娑。高适不觉兴致勃发，便走出庙门赏月观景。明亮的月光下，白墙黑瓦，树影摇曳，银光闪闪，澄江如练。时值深秋，山中赏月，真是别有一番风味。

回到房里，高适不觉诗兴大发，在墙上题诗一首：

绝岭秋风已自凉，
鹤翔松露湿衣裳。
前村月落一江水，
僧在翠微闲竹房。

第二天清晨，月落西山，金乌东升，高适离开清风岭，乘船过江时，才发现江水退了很多，从两岸的水痕看，江面只有原来的一半宽了。此时他才恍然大悟，钱塘江是随潮汐涨落的，月升时江水随潮而进，江面顿宽；月落时，江水又随潮而退，只剩半江。他在诗中写成“前村月落一江水”，岂不是不合乎真情实景吗？他悔不该把月到中天的江水当成月落的江水写入诗中，但因公务事急只好将此事搁置。

一个月后，公务已完，高适再次路过杭州清风岭，他特地到大庙的僧房，正准备修改题诗，谁知抬头一看，不由大吃一惊。原来那句“前村月落一江水”的“一”字，不知是谁添上几笔，改成“半”字了。笔迹看来尚新，应该是不久前写的。

高适心中疑惑，不知是哪位高手与之修正，他找人请庙中住持询问。

住持回答说：“3 天前，有一个客人路过，看到墙上的诗，就说诗意不错，只是‘一’字不如‘半’字确切，就提笔把‘一’字改了，老僧当时拦他不住，望大人恕罪。”

高适听了，笑道：“他改得恰好！你可知道他的姓名吗？”

住持答曰：“老僧也曾经问过，他不肯说。”

高适又问：“他到哪儿去了呢？”

老和尚摇摇头：“不知道。”

高适惋惜地说：“可惜我晚来 3 天，错过良机，遗憾！遗憾！”说罢，就告别老僧，怅然下山去了。

【异曲同工】 半篙流水夜来雨，几点早梅何处春？

这两句为金代诗人张桔轩之作，新趣灵动，原本后一句为“一树早梅何处春”，当诗人早春前去梅林游玩发现，最先绽开的仅是一树中的“几点”便将诗句修改了，如此既贴景又动人。

【勤学好思】 将下面的古诗补充完整吧！

______________，夜泊秦淮近酒家。

凭君莫话封侯事，一将功成______。

几处早莺__暖树，谁家新燕__春泥。

恋恋深情钗头凤

陆游与唐婉为表兄妹，自幼青梅竹马，陆家曾以一家传凤钗作信物，订下两家姻亲。成亲后二人吟诗作对，丽影成双，欢乐和谐，堪称才貌双全的一对佳偶。然而陆游的母亲唐氏与唐婉之母不和，姑嫂两人素有积怨，对唐婉也多有微词。唐氏专横威严，强令陆游休妻。陆游很守孝道，虽心中不舍却不敢逆母之意，一对璧人被无情拆散。

夫妻分离后皆另行婚嫁，陆游曾考取功名，但终因仕途遭挫回归故里。一个春日的下午，他漫步到禹迹寺的沈园，竟遇到阔别数年的前妻唐婉，情缠心间，憾意无边，感慨之下，提笔在粉壁上题了一阙《钗头凤》："红酥手，黄藤酒，满城春色宫墙柳。东风恶，欢情薄，一怀愁绪，几年离索。错，错，错！春如旧，人空瘦，泪痕红浥鲛绡透。桃花落，闲池阁，山盟虽在，锦书难托。莫，莫，莫!"唐婉亦满腔幽怨无从诉，也和了一阙《钗头凤》："世情薄，人情恶，雨送黄昏花易落。晓风干，泪痕残，欲笺心事，独语斜阑，难！难！难！人成各，今非昨，病魂长似秋千索。角声寒，夜阑珊，怕人寻问，咽泪装欢，瞒！瞒！瞒!"唐婉的生活一直十分不幸，叹世间无奈，悲自身凄凉，思心中爱人，终于抑郁成疾，红颜早逝。

后来陆游的文才被宋孝宗所称赞，仕途通畅，曾任宝华阁侍制，在此期间，他写下了大量忧国忧民的诗词。陆游于七十五岁告老还乡，尽管此时唐婉早已香消玉殒，自己也已至垂暮之年，然而对旧事的眷恋，促使他写下了《沈园怀旧》："梦断香消四十年，沈园柳老不飞绵；此身行作稽山土，犹吊遗踪一泫然。城上斜阳画角哀，沈园无复旧池台；伤心桥下春波绿，疑是惊鸿照影来。"几年后的一个冬夜，陆游梦游沈园，醒后悲戚，写下两首《十二月二日夜梦游沈氏园亭》。其一：路近城南已怕行，沈家园里更伤情。香穿客袖梅花在，绿蘸寺桥春水生。其二：城南小陌又逢春，只见梅花不见人。玉骨久成泉下土，墨痕犹锁壁间尘。

后沈园曾几度易主。陆游在八十四岁时，满怀深情地写下了最后一首怀念唐婉的情诗《春游》：沈家园里花如锦，半是当年识放翁。也信美人终作土，不堪幽梦太匆匆。一年后，陆游就溘然长逝了。

尽管时过境迁，物是人非，粉壁上的诗词也了无痕迹，但这些记载着唐婉与陆游爱情绝唱的诗词，却长久流传了下来。

【引经据典】

临安春雨初霁

世味年来薄似纱，谁令骑马客京华?
小楼一夜听春雨，深巷明朝卖杏花。
矮纸斜行闲作草，晴窗细乳戏分茶。
素衣莫起风尘叹，犹及清明可到家。

【勤学好思】　将下面陆游的诗作补充完整：

纸上得来终觉浅，______________。

山重水复疑无路，______________。

______________，铁马冰河入梦来。

零落成泥碾作尘，______________。

三十六计一诗藏

中国有许多古诗都十分奇妙，有的形式新奇，有的内容丰富。有一首诗，别看用字十分晦涩，实则藏有玄机。例如：

金玉檀公策，借以擒劫贼，
鱼蛇海间笑，羊虎桃桑隔，
树暗走痴故，釜空苦远客，
屋梁有美尸，击魏连伐虢。

全诗除了“檀公策”三字外，每字包含了三十六计中的一计，依序为：金蝉脱壳，抛砖引玉，借刀杀人，以逸待劳，擒贼擒王，趁火打劫，关门捉贼，浑水摸鱼，打草惊蛇，瞒天过海，反间计，笑里藏刀，顺手牵羊，调虎离山，李代桃僵，指桑骂槐，隔岸观火，树上开花，暗度陈仓，走为上，假痴不癫，欲擒故纵，釜底抽薪，空城计，苦肉计，远交近攻，反客为主，上屋抽梯，偷梁换柱，无中生有，美人计，借尸还魂，声东击西，围魏救赵，连环计，假途伐虢。

还有一诗，十分奇特，是唐代张南史的《咏竹》：

竹，竹
拔山，连谷。
出东南，殊草木。
叶细枝劲，霜停露宿。
成竹处处云，抽笋年年玉。
天风乍起争韵，池水相涵更绿。
却寻庾信小园中，闲对数竿心自足。

此诗为“台阶式”诗体，除首句、末句外，中间几句皆对偶，一、二句各一字，往下每两句添一字，阶梯排列形式特别。

【引经据典】 传说尧时，“天下太和，百姓无事”，一位年迈的老人，一边悠闲地“击壤”，一边唱歌：日出而作，日入而息。凿井而饮，耕田而食。帝力于我何有哉？大意是：太阳升起，下田劳作，太阳落下，归来歇息。开凿井泉，就有水饮，耕种田地，就有米食。如此安闲自乐，谁还去向往那帝王的权力？这支先秦古诗歌，后人称作《击壤歌》，可能是有文字记载的最早的诗歌了。

【勤学好思】 中国古代最短的诗是《吴越春秋》中记载的：“断竹，续竹，飞土，逐肉。”描写狩猎的情景。中国现代诗作中最短的要数诗人北岛的《人生》，你知道是怎样写的吗？

无题诗寄相思情

据说晚唐著名诗人李商隐与妻子感情极好，一首《夜雨寄北》形象地勾勒出一幅温馨浪漫的图画：“君问归期未有期，巴山夜雨涨秋池。何当共剪西窗烛，却话巴山夜雨时。”然而妻子在他三十九岁时就去世了，爱人离去，给他带来了无尽的痛苦。

政治上失意潦倒，爱情上爱而不得和得而复失的悲哀，使李商隐非常感伤。他用精美华丽的语言、含蓄曲折的表现方式、朦胧幽深的意境来表现自己的情绪与感受。

李商隐擅用典故，善于捕捉富于情感表现力的意象。那首著名的七律《锦瑟》中间四句就各用了一个典故：“锦瑟无端五十弦，一弦一柱思华年。庄生晓梦迷蝴蝶，望帝春心托杜鹃。沧海月明珠有泪，蓝田日暖玉生烟。此情可待成追忆，只是当时已惘然！”四个典故表达了迷惘、悲哀、伤感、虚幻的情绪，全诗朦胧、凄美、伤感地追忆似水流年。

“相见时难别亦难，东风无力百花残。春蚕到死丝方尽，蜡炬成灰泪始干。晓镜但愁云鬓改，夜吟应觉月光寒。蓬山此去无多路，青鸟殷勤为探看。”别离之苦，相思不断，灰暗失望纠缠凝结。虽寄托出自己的希望，却又暗喻人神阻隔，甚是愁苦。

他的诗作中，咏史诗和爱情诗最能体现其艺术风格，而以“无题”为题的爱情诗成就最高。他的无题诗，多以相思为主题，不局限于个人爱情的表达，还有着诗人对人生的慨叹。加上其含蓄、深沉的表达，大多表现出凄凉伤感的情怀，但又不失于颓废。他的诗既受杜甫诗歌的影响，又受到梁陈宫体诗的影响，还吸取了李贺诗歌的表现手法，风格华美绮丽、典雅精巧。

【文海拾贝】 唐代诗人众多，名篇佳作层出不穷。早唐有“李杜”即诗仙李白、诗圣杜甫，而晚唐又有“小李杜”，李商隐与杜牧。杜牧的诗、赋、古文都负盛名，而以诗的成就最大。其诗风格清丽、别具一格。如杜牧的《江南春》：

千里莺啼绿映红，水村山郭酒旗风。
南朝四百八十寺，多少楼台烟雨中。

【勤学好思】 多读几首李白、杜甫、李商隐、杜牧的诗作，你能说出四人诗作的风格特点吗？

诗情画意构思巧

画院在中国画史上的出现，最早见于晚唐的五代，两宋最为流行。公元1104年，宋徽宗设立画学，建立了中国最早的皇家绘画学院——翰林图画院，这也是世界上最早的绘画学院。他开创先例，采用了古诗命题作画的考试方式，来开科取士。开考之时由皇帝赵佶给出古诗，由考生依诗作画，而考试题目都颇有意趣。

例如：“野渡无人舟自横。”有些画的是空船靠岸；有些画的是野鹭伫立船头；有些画的是乌鸦停于船篷，但是这些都只是诗意简单的图解，并未真正表达出诗意之中含蓄而深远的意境。有一幅画上小舟自横，一个船夫双腿盘坐在船尾，独吹着横笛，一种野渡无人和闲情自在的意境跃然纸上，结果这一幅画力拔头筹。又如：“踏花归去马蹄香。”有人画的是马踏着花飞奔而去，花草上一片狼藉，“踏花”是表现出来了，但“香”却荡然无存。聪明之人只画一马一蝶，只见蝶随着马蹄飞舞，虽然不见花，却香气袭人。

其他的诸如“竹锁桥边卖酒家，蝴蝶梦中家万里”，“嫩绿枝头红一点，动人春色不须多”等，全以诗意考画意，将诗画有机结合。中国艺术的传统观念即在于诗画一体，诗画相通。虽然以诗入画的流行让北宋画院有些重文意轻画技的倾向，但却使绘画更加趋于文学化，宋徽宗时期也成为诗画结合最为完美的阶段。

【文海拾贝】 北宋年间的翰林图画院一次绘画命题为“深山藏古刹”。

第一人画了青山绿水间一座古寺矗立其中，山间青柏将古寺的寺名遮住；第二人画了寺院于巍峨高山中只露一角，青山掩映，若有似无；第三人画中无寺，只在崇山峻岭间，一条蜿蜒起伏的山路直指云际，一个和尚挑水拾级而上。考官将三幅画作分别评定为：丙、乙、甲。

【勤学好思】　你能解释一下三幅画的优劣吗？古诗“深山藏古刹”的意境应是怎样的？

才子几步可成诗

“煮豆燃豆萁，豆在釜中泣。本是同根生，相煎何太急。”这是三国时曹植的“七步诗”。子建才高七步成诗的故事想必大家已是耳熟能详，但是你可知道唐朝史青五步成诗和宋朝寇准三步成诗的故事吗？

唐朝史青，曾经上表玄宗。表中称，曹子建七步成诗，不足为奇，而且让人觉得迟涩，他自称五步即可成诗。玄宗阅罢，十分惊奇，便将他召进宫中，以“除夕”为题当面试问，结果，史青未出五步已成五律八句：

今夜今宵尽，
明年明日催。
寒随一夜去，
春逐五更来。
气色云中改，
云颜暗里摧，
风光人不觉，
已入后园梅。

玄宗大赞其才，授以左监内将军之职。

然而，此不为最，还有更为快者，为宋朝名相寇准七岁时三步成诗。某次酒筵，宾客让寇准以“华山”为题赋诗，寇准三步内赋成一诗：

只有天上见，
更无山与齐。
举头红日近，
回首白云低。

寥寥数语，道出了华山的雄伟峭拔齐天之势，语言精当，气象阔大，令人赞叹！

【语文之趣】 相传，明朝才子李梦阳一日在江边一高楼观景，见有两个文人在相互吹捧，两人决定以《登楼》为题五步成诗。只见一人边沉思边迈出两步道："一步一步登高楼。"另一人也走了两步曰："登上高楼望北斗。"李梦阳笑着走了一步曰："不是青山遮眼目，望尽天下十八州。"

【勤学好思】 无论几步成诗，其实都是在体现诗人的文才文思。"熟读唐诗三百首，不会作诗也会吟"。你能将下面的诗填完整吗？

春色满园关不住，________________。

停车坐爱枫林晚，________________。

会当凌绝顶，________________。

大漠孤烟直，________________。

伉俪情深寄词中

苏轼为北宋豪放词派杰出代表，曾有人言婉约词人柳永之词只宜妙龄女孩，手执红牙拍板，低唱"杨柳岸，晓风残月"；而苏轼之词则须关东大汉，执铁绰板，高唱"大江东去"。

然而，苏轼不仅豪放词填得气势雄伟，婉约词却也精妙洗练。他最著名的一首悼亡词，是写给死去的结发妻子王弗的："十年生死两茫茫，不思量，自难忘。千里孤坟，无处话凄冷。纵使相逢应不识，尘满面，鬓如霜。夜来幽梦忽还乡，小轩窗，正梳妆。相顾无言，唯有泪千行。料得年年肠断处，明月夜，短松冈。"伉俪情深，足见矣。

秦观秦少游也是宋代有名的文学家，据传是苏轼的妹夫。一次，他从浙江会稽到京城开封，去见苏东坡，两人谈文说史，吟诗作画。东坡问少游近来有什么大作，少游把刚写完的《水龙吟》念给他听，其中有这样两句：

小楼连苑横空，下窥绣毂雕鞍骤。

苏东坡直爽地笑道："十三个字就说了一件事，一人骑马过楼。"

少游转问东坡近作，东坡说填了一首《永遇乐》，也是写楼的，接着也念了一遍，其中有三句：

燕子楼空，佳人何在？空锁楼中燕。

仅三句就将张建封燕子楼的典故讲清楚了，秦少游十分钦佩。

【引经据典】 苏东坡豪放词作经典之《念奴娇·赤壁怀古》

大江东去，浪淘尽，千古风流人物。故垒西边，人道是三国周郎赤壁，乱石穿空，惊涛拍岸，卷起千堆雪。江山如画，一时多少豪杰？

遥想公瑾当年，小乔初嫁了，雄姿英发。羽扇纶巾，谈笑间，樯橹灰飞烟灭。故国神游，多情应笑我，早生华发。人生如梦，一樽还酹江月。

【勤学好思】 苏轼有一首《水调歌头》流芳百世，字字珠玑，请将下面的空白补充完整。

明月几时有？＿＿＿＿＿。不知天上宫阙，＿＿＿＿＿？我欲乘风归去，＿＿＿＿＿，＿＿＿＿＿。起舞弄清影，＿＿＿＿＿？

转朱阁，低绮户，＿＿＿＿＿。不应有恨，＿＿＿＿＿？＿＿＿＿＿，＿＿＿＿＿，此事古难全。＿＿＿＿＿，＿＿＿＿＿。

从生活中寻诗思

唐朝有个叫郑荣的宰相，善于作诗，朋友和幕僚经常向他索要新诗。一次，又有人登门问他："近来有新作吗？"郑荣有些不耐烦，回答说："诗思在灞桥风中驴背上，这里哪能得到？"来人碰了钉子，只好败兴而归，但却百思不得其解：灞桥，风中驴背上，何以有"诗思"呢？

原来当时的长安东郊的灞桥和西郊的渭河渡口，都是京都人们送亲友迎故旧的地方。这里经常是车来人往，热闹非常。送别的折柳相赠，举杯饯行；迎归的喜出望外，置酒洗尘。各种各样的人物，各种各样的情景，成为诗人灵感的源泉。郑荣经常轻装简从到这里来观察人们的言行举止，喜怒哀乐，然后将其融进自己的诗篇，成为感人的佳作。

说来也有趣，唐代著名诗人中，"骑驴作诗"的何止郑荣一人。唐彦谦的《忆孟浩然》诗中，说孟浩然，"郊外凌兢西复杂，雪晴驴背兴无穷。"王建《寄贾岛》一诗，也说，"憧眼冷榻朝有卧，驴放秋田野不归。"这是贾岛骑驴苦吟的情形。诗圣杜甫困居长安时，自称“骑驴十三载，旅食京华春”。他的不少诗作，也是在驴背上颠簸吟成的。

诗人都不是闭门死读，而是深入到社会中去，以了解人们的疾苦，熔铸自己的诗作。创作需要灵感，而主动去生活中寻找写作的灵感，才是使自己的作品源源不竭、充满新意的妙招。

【文海拾贝】 只有表达出真情实感的诗歌才能引起共鸣，流传千古。《孔雀东南飞》是我国文学史上著名的汉乐府长诗，诗中描述了焦仲卿与刘兰芝的悲剧故事，为“古今第一首长诗”，长三百五十三句，一千七百六十五字。这首诗情节曲折，结构严谨，语言流畅生动。全诗基本采用现实主义创作方法，在结尾，却又以浪漫主义方式表达了广大人民的理想与愿望，通篇感人肺腑，读来令人荡气回肠。郭沫若也曾经说过：“古乐府中的民间诗歌所达到的艺术水准，现在的诗人还达不到。”

【勤学好思】 将下面几句离别古诗词补充完整。

海内存知己，__________。

劝君更尽一杯酒，__________。

__________，天下谁人不识君。

长亭外，古道边，__________。晚风拂柳笛声残，__________。

天之涯，__________，知交半零落。__________，今宵别梦寒。

唐伯虎巧添诗谜

明代才子唐伯虎，诗词书画无所不精，民间更是流传了不少他的风流佳话。有一次，唐伯虎在杭州游玩，日薄西山，暮霭笼罩，湖心孤山透着浓浓暮色，碧波中塔影恍惚，若隐若现。

唐伯虎信步走上断桥，借着清亮的月光观看桥栏上文人墨客的题诗字画。正看得入神，一首奇特的残诗映入眼帘：□看□□色，□听□□声。□去□□在，□来□□惊。唐伯虎十分好奇，不知此诗是何意，转念一想，他捡起一片瓦砾，将残诗补全：

远看山有色，近听水无声。

春去花还在，人来鸟不惊。

此诗用字洗练，境界清幽，颇有新意，细细品味，却是一则绝妙的谜语，谜底便是：一幅山水花鸟画。

【文海拾贝】 唐诗中，诗谜比比皆是。如贺知章的“碧玉妆成一树高，万条垂下绿丝绦。不知细叶谁裁出？二月春风似剪刀。”谜底是“柳”。来鹄的“千形万象竟还空，映水藏山片复重。无限旱苗枯欲尽，悠悠闲处作奇峰。”谜底是“云”。李峤的“解落三秋月，能开二月花。过江千层浪，入竹万竿斜。”谜底是“风”。

【勤学好思】 黄巢有一首诗：“待到秋来九月八，我花开后百花杀。冲天香阵透长安，满城尽带黄金甲”，你知道说的是哪种花吗？

杜甫的“三吏三别”

杜甫，字子美，唐代著名的诗人之一，在文学史上，与李白齐名，后人称之为“诗圣”。“朱门酒肉臭，路有冻死骨”，就是他笔下的不朽诗句。

安史之乱时，唐军到处拉壮丁补充兵力，民不聊生。一日，杜甫经过石壕村（在今河南陕县东南），见天色已晚，便借宿于一户穷苦人家。半夜里，他翻来覆去辗转难眠的时候，忽然响起一阵急促的敲门声。杜甫在房里静静听着，只听到隔壁的老公公翻过后墙逃了，老婆婆一面应声，一面去开门。

进屋的是官府派来抓壮丁的差役，他们厉声吆喝着，问老婆婆说：“你家男人到哪里去了?”老婆婆带着哭声说：“我的三个孩子都上邺城打仗去了，前两天刚接到大儿子的回信，说两个弟弟都已经死在战场上。家中只剩一个儿媳和吃奶的孙儿，实在没有人了。”差役不顾老人的苦苦哀求始终不肯罢休，老婆婆无奈，只好自己跟随差役前往战场为士兵做饭缝补，以保全自己逾墙躲避同样年迈的丈夫。

天亮了，杜甫离开那家人的时候，送别的只有老公公一个人了。杜甫亲眼看到这种凄惨景象，心潮起伏，创作了《石壕吏》，用诗歌记录下这段悲哀的历史。杜甫在华州之时，前后一共写过六首这样的诗，合起来叫做“三吏三别”，即《石壕吏》《潼关吏》《新安吏》《新婚别》《垂老别》《无家别》。由于杜甫的诗歌大多描述了安史之乱中人民的苦难生活，反映了唐王朝从兴盛到衰落的过程，因此，后人将他的诗篇称之为“诗史”。

【文海拾贝】 唐代诗人杜甫有一首著名的七言绝句：“两个黄鹂鸣翠柳，一行白鹭上青天。窗含西岭千秋雪，门泊东吴万里船。”该诗问世以后趣事颇多。相传，肃宗乾元二年，杜甫弃官西去，居于成都草堂，生活困窘。一日，两位朋友到杜甫家饮酒论诗，杜甫实在拿不出好一点的饭菜来招待客人，便灵机一动，以“诗宴”待客。

第一盘以绿韭菜铺盘，上面放着两个圆滚滚的蛋黄，取名“两个黄鹂鸣翠柳”；第二盘仍以绿韭菜垫底，面上撒着一绺蛋白，唤作“一行白鹭上青天”；第三盘将韭菜铺成山峦状，山尖遍染蛋白，呼为“窗含西岭千秋雪”；第四盘是一大碗清汤，面上漂浮着四片洁白的蛋壳，便称为“门泊东吴万里船”。听过杜甫的解释，客人不禁鼓掌叫绝。

【勤学好思】 杜甫佳作流传颇多，选出一篇仔细评析，比较一下“诗仙”与“诗圣”风格有何异同？

李贤作诗劝武则天

武则天是中国历史上唯一的女皇帝，为了登上皇帝的宝座，她不惜贬谪杀害自己的亲生骨肉。太子李弘生性仁慈、宽厚博爱，深得高宗喜爱，武则天却在李弘20岁生日之时以毒酒将其杀害。随后册封的章怀太子李贤，人皆言其颇有太宗皇帝遗风，英明能干，然而却被武氏以谋反叛逆之名废黜，贬至四川。

李贤深感母子之情已被权欲所掩，倍感痛心，遂作一首《黄台瓜辞》以望感化母亲，劝其重拾天伦之乐。该诗为：

种瓜黄台下，瓜熟子离离。
一摘使瓜好，再摘使瓜稀。
三摘尚自可，摘绝抱蔓归。

李贤作此诗后不久便病故了。武则天听到此诗，也深感痛心，对仅存的亲生之子李显、李旦也有几分留情，虽先后也废贬了他们，但终究因母子之情而保全其性命。

【文海拾贝】 武则天其实也是一位女诗人，《全唐诗》等文集中也曾录有其诗58首，多为庙堂祭奠之作，然也间或有抒情小诗，其《如意娘》诗云：

看朱成碧思纷纷，憔悴支离为忆君。

不信比来常下泪，开箱验取石榴裙。

武则天作为一代女皇，铁血铁腕，不让须眉。然而她终究是一个女人，也有情意缠绵、柔情若水的一面，于此诗中可窥见一斑。

【勤学好思】　中国古代有许多诗词描述帝王后宫之人之事“一骑红尘妃子笑，无人知是荔枝来。”“云想衣裳花想容，春风拂槛露华浓。”是描述玄宗时后宫一女子，你知道是谁吗？

著名词人李后主

南唐是“十国”中最大的割据政权，土地肥沃，人民安居，未曾遭受战争破坏，经济繁荣，国家富裕。然而，南唐多代国主都治国无方，贪图享乐，从不励精图治，使得国力渐弱。李煜，字重光，初名从嘉，号钟隐，史称南唐后主，在位15年。李煜施政无能，虽不是一个好皇帝，却是一个著名的词人，诗词、音乐、书画都十分精通，尤其在词学方面，有着较高的文学地位。李煜苟且偷安，生活奢靡豪华，时常于宫中营造销金红罗幕壁，镶以白金玳瑁，覆以奇花异草，曰“锦洞天”，于其中作词嬉戏，乐此不疲。他的前期作品多以宫中的声色娱乐为题材，风格柔靡，技巧高超，如《玉楼春》《一斛珠》等。

北宋建国后，李煜每年向北宋进贡大量金银珠宝，想借此维持其割据一方的君主地位。后来，当他眼见宋太祖朱元璋接连消灭了周围三个小国，才惊慌失措、坐立不安。他派遣使者给宋太祖送去一封信，表示愿意取消南唐国号，改称“江南国主”。宋太祖曾说：“卧榻之下，岂容他人酣睡。”李煜这一点小小让步，又怎能改变宋太祖统一中国的雄心呢？开宝八年（975年）宋军攻破金陵，词学皇帝国破出降，成为阶下囚。“笙箫吹断水云间，重按《霓裳》歌遍彻”的生活已经成为泡影。其后期作品多写亡国之痛，感情真挚，意境深远，如《破阵子》《虞美人》《浪淘沙令》《乌夜啼·秋闺》，等等。

《渔隐丛话前集·西清诗话》中诗人郭麟也曾为之叹息：“作个才人真绝代，可怜薄命作君王。”宋太祖也说：“李煜若以作诗工夫治国事，岂为吾虏也？”

【引经据典】　冯延巳作《谒金门》曰：“风乍起，吹皱一池春水。”中主李璟闻之，一日问其曰：“吹皱一池春水，干卿何事？”实对此佳句有嫉妒又不乏欣赏赞叹之意。冯延巳为迎合帝意，借机对曰："未若陛下'小楼吹彻玉笙寒'也。"一句话说得李璟龙颜大悦。(马令《南唐书》)

【勤学好思】 请将李煜的《虞美人》补充完整。

春花秋月何时了，______________！小楼昨夜又东风，故国不堪回首月明中。雕栏玉砌应犹在，只是朱颜改。______________？______________。

李清照与夫比词作

李清照，南宋女词人，号易安居士。父李格非为当时著名学者，夫赵明诚为金石考据家。早期生活优裕，与明诚共同致力于书画金石的搜集整理。夫妻二人志趣相同，情意相投。李清照才华过人，词风清丽，更胜赵明诚一筹。然而赵明诚十分不甘，常常与妻子填词比试。赵明诚在外地做官时，李清照曾填过一首《醉花阴》寄予丈夫：

薄雾浓云愁永昼，瑞脑销金兽。佳节又重阳，玉枕纱橱，半夜凉初透。

东篱把酒黄昏后，有暗香盈袖。莫道不销魂，帘卷西风，人比黄花瘦。

赵明诚读过后暗暗叫绝，他闭门谢客，三天三夜写出51首自认可以匹敌妻子之作的小词，将那首《醉花阴》夹杂其中，请挚友陆德夫赏评。陆德夫道："有三句绝妙。'莫道不销魂，帘卷西风，人比黄花瘦'。"赵明诚一听，自愧不如。

金兵入据中原，流寓南方，明诚病死，境遇孤苦。清照所作词，前期多写其悠闲生活，后期多悲叹身世，情调感伤，有的也流露出对中原的怀念。形式上善用白描手法，自辟蹊径，语言清丽。"别是一家"，反对以作诗文之法作词。李清照也擅长作诗，但留存不多，部分篇章感时咏史，情辞慷慨，与其词风不同。

【引经据典】 《声声慢》是李清照后期之作，堪称易安代表之作：

寻寻觅觅，冷冷清清，凄凄惨惨戚戚。乍暖还寒时候，最难将息。三杯两盏淡酒，怎敌他、晚来风急？雁过也，正伤心，却是旧时相识。

满地黄花堆积。憔悴损，如今有谁堪摘？守著窗儿，独自怎生得黑？梧桐更兼细雨，到黄昏，点点滴滴。这次第，怎一个，愁字了得！

【勤学好思】　李清照有一首诗流传至今被广为传颂，气势雄浑，气节高远，你能试诵一下吗？

汪伦情比潭水深

唐朝有个叫汪伦的人，是安徽泾川的一位豪士，他特别崇敬李白的才学，总想找机会结交李白。他一直苦思冥想希望李白能来自己家乡畅游欢谈。思忖许多，他心生一计。人们都知道李白酷爱饮酒，喜爱云游各处名胜美景，于是汪伦提笔给李白写了封信：

先生好游乎？
此地有十里桃花；
先生好饮乎？
此地有万家酒店。

李白看到十里桃花、万家酒店，心下十分神往，便迫不及待启程来到泾川。

李白转了半天，没看到十里盛开的桃花，也没看到林立的酒店。

疑惑之中李白询问汪伦，汪伦解释说："十里桃花不是桃林，而是此地有一处潭水，名唤十里桃花；万家酒店并非是有一万家酒店，而是酒店的主人姓万。"

李白听了，不禁哈哈大笑，对汪伦的智慧十分佩服，也十分欣赏其豪爽的性格。对于这个善意的玩笑，李白丝毫没有责怪。几天下来，两人相处甚是融洽；李白将走，二人恋恋不舍，汪伦赠与李白锦缎骏马并"踏歌"为其送行。李白深受感动，为了答谢汪伦的盛情款待，写下这首著名的《赠汪伦》：

李白乘舟将欲行，
忽闻岸上踏歌声。
桃花潭水深千尺，
不及汪伦送我情。

【文海拾贝】 李白，字太白，号青莲居士，少年时即显露才华，吟诗作赋，博学广览。他自幼轻财侠义，从小就有治国平天下的大志，但直到40岁依然未登仕途。42岁那年，他由朋友举荐，应召入京，初进长安，即访谒文坛名流贺知章。贺知章读过李白的《蜀道难》之后，把他比作天上下凡的仙人，称他为“谪仙”。从此，他的诗名大振，誉满京华。后人因而沿称“诗仙”。

【勤学好思】 李白佳作颇多，请将下面这首《行路难》补充完整。

金樽清酒斗十千，玉盘珍馐直万钱。
停杯投箸不能食，______________。
欲渡黄河冰塞川，______________。
______________，忽复乘舟梦日边。
行路难，______，______，今安在？
______________，______________。

青出于蓝，蓝出于青

乾隆二十一年，纪晓岚随驾到古北口巡视，在路边一个小店里小憩，酒家墙壁上有许多不知名文人的题诗，纪晓岚被其中两句吸引住了：

一水喧涨人语外，万山青到马蹄前。

诗写得极有创意，活脱新奇，余味无穷，让纪晓岚赞叹不已。这两句诗的作者名已模糊无从找寻，纪晓岚受其启发将此种手法化用到自己的诗作中，在其诗《严江舟中》写道：

山色空蒙淡似烟，参差绿到大江边。
斜阳流水推篷望，处处随人欲上船。

前两句写诗人隔着篷窗看到由远而近的水色山光，如一幅怡人的山水画，绿意袭人。后两句进一步说诗人推窗而望，以求一览无余，窗户一开，不待眺望，青山、绿水、斜阳，仿佛要跳上船来似的。这首绝句将严州山水写得栩栩如生，跃然纸上。

乾隆二十七年，纪晓岚奉命成为顺天府乡试的考官。素有诗才的朱子颖中举后，到纪晓岚住处拜谢房师，并带来一部诗稿。纪晓岚翻开诗卷，见到

"一水喧涨人语外，万山青到马蹄前"两句诗，喜不自胜。他拍着朱子颖的肩膀说："我们文交已久了！"说着，他拿出自己写的《严江舟中》给朱子颖看，并诚恳地说："我这首诗便是由你那两句的灵感中得来，人皆言'青出于蓝'，我实为'蓝出于青'啊！"

【文海拾贝】 正如"参差绿"出于"万山青"，古诗词中经常有从他人作品中获取创作灵感、成就千古绝句之事。李清照《一剪梅》中佳句"此情无计可消除，才下眉头，却上心头"也是源于前人之词的灵感，范仲淹《御街行》中曾有"都来此事，眉间心上，无计相回避"。晏几道《临江仙》中"落花人独立，微雨燕双飞"两句流芳千古，其实出自五代翁宏《宫词》之中："又是春残也，如何出翠帷？落花人独立，微雨燕双飞。寓目魂将断，经年梦亦非。那堪愁向夕，萧飒暮蝉辉。"

【勤学好思】 唐朝诗人李贺《金铜仙人辞汉歌》中有两句千古名句："衰兰送客咸阳道，天若有情天亦老"。革命领袖毛泽东在《七律·人民解放军占领南京》中曾化用过此句，你能试诵出吗？

诗才甚高，白居也易

白居易是唐代著名诗人，在十五六岁之时，在徐州做官的父亲白季庚让他到京城长安去见世面，结交名人。那时，恰是诛此叛乱之后，长安米价飞涨，百姓度日艰难。白居易前往拜访文学名家顾况，送上名帖和诗卷。顾况看到名帖上"居易"两字，眉头一皱，打趣说："近来长安米贵，只怕居住不易！"说着拿起诗卷随手翻阅：

离离原上草，一岁一枯荣。
野火烧不尽，春风吹又生。

读到此，顾况神色兴奋，一改先前的傲慢说："能够写出这样的好诗，不仅在长安，在任何地方居住都很容易啊！"读完"远芳侵古道，晴翠接荒城。又送王孙去，萋萋满别情。"顾况更是赞叹不已。

自此之后，顾况十分推崇白居易的诗才，一传十，十传百，白居易也就在长安出了名。白居易写了许多诗，其中有不少是反映现实的，像《秦中吟》和《新乐府》。这些诗篇有的揭露了宦官仗势欺压百姓的罪恶，有的讽刺官僚们穷奢极欲的奢靡生活，有的反映了劳动人民的痛苦遭遇。他的诗歌通俗易懂，街头巷尾，广为传颂。据说，白居易写完一首诗，总先念给不识字的老婆婆听，如果有听不懂的地方，他就修改，一直到能够使她听懂。这当然只是一种传说，但是说明他写的诗歌是比较贴近群众的。他的一生一共写了两千八百多首诗，成为我国文学宝库里的一份十分珍贵的遗产。

白居易还有一首代表作堪称千古佳作，即《长恨歌》。

《长恨歌》作于唐宪宗元和元年，白居易与朋友陈鸿、王质夫三人于十月间到仙游寺游玩，偶然谈到了唐明皇与杨贵妃的这段悲剧故事。慨叹之余王质夫请白居易写一首长诗，请陈鸿写一篇传记，二者相辅相成，以传后世。因为长诗的最后两句是“‘天长地久有时尽，此恨绵绵无绝期。’故称此诗为《长恨歌》，传为《长恨传》。一篇《长恨》有风情!”白居易如是说。他一生感时伤世，传世之句多力陈百姓之苦、苛政之弊，如“一吟悲一事”的《秦中吟》。白居易就是这样一位主张“文章合为时而著，诗歌合为事而作”的现实主义诗人，却将一段宫闱畸恋写得凄切婉转、荡气回肠。

【语文之趣】 老师：“唐朝大诗人白居易，写完诗后总要念给村里的老太太听，我认为你们写作时也要向他学习。”

学生：“可是叫我们上哪儿去找那些老太太呢？她们至少死了一千年了吧!”

【勤学好思】 你能把下面刘禹锡的诗词补充完整吗？

晴空一鹤排云上，____________。
日出江花红胜火，____________。
几处早莺争暖树，____________。
满面尘灰烟火色，____________。
一道残阳铺水中，____________。

才子词人，自是白衣卿相

北宋著名词人、婉约派杰出代表柳永，原名柳三变，与其两位兄长柳三接、柳三复并称“柳氏三绝”而闻名天下。柳永曾在一次科举落第后填词一阙《鹤冲天》：

黄金榜上，偶失龙头望。明代暂遗贤，如何向？未遂风云便，争不恣狂荡？何须论得丧。才子词人，自是白衣卿相。烟花巷陌，依约丹青屏障，风流事，平生畅。青春都一晌，忍把浮名，换了浅斟低唱。

这首词文辞优美，朗朗上口，不久便盛传京城，人人争相传颂，连仁宗皇帝也听到了。原本柳永仅仅是排解落榜之愤懑，抒怀遣兴而已，却让仁宗十分不满。下一次科举取士，柳永进士及第，唱名之时，皇帝冷笑一声，说道："且去浅斟低唱，何要浮名？"才华过人的柳三变就这样止步仕途，而后"奉旨填词"，浪迹天涯，一生飘零，也留下不少风流佳话与词作名篇。

【引经据典】

《雨霖铃》

寒蝉凄切。对长亭晚，骤雨初歇。都门帐饮无绪，留恋处、兰舟催发。执手相看泪眼，竟无语凝噎。念去去、千里烟波，暮霭沉沉楚天阔。

多情自古伤离别，更那堪冷落清秋节！今宵酒醒何处？杨柳岸、晓风残月。此去经年，应是良辰好景虚设。便纵有千种风情，更与何人说？

【勤学好思】　婉约派的词人除了柳永你还知道哪几个？

第四章　妙趣横生说对联

趣读本章

对联是中国文化园地的一朵奇葩，精巧别致，文采飞扬，妙趣横生。

对联这一文学形式，从诞生至今延绵不衰，无论是长至百字千言，还是只字片语，甚或仅以标点入联；无论是诙谐风趣，还是严整规则；无论是通俗活泼，还是语出典籍，都让人喜闻乐见。

作为“诗之余”，对联更像是“诗中之诗”。古诗中许多对仗诗句都是构思奇巧的妙联，而对联本身又不拘泥于古诗词的束缚，长短皆宜，形式多变，令人叫绝。

巧妙相应“联珠对”

明太祖朱元璋登基不久，常暗访各地，体察民情，以便于自己的统治。有一次，他来到重庆，顺便游玩了多宝寺。多宝寺中供奉着一尊弥勒佛。朱元璋是和尚出身，见佛自然很尊敬，脱口吟道：开口便笑笑古笑今凡事付之一笑。

此时，游客之中有位本地的秀才，叫余文，一听朱元璋的吟咏，便也附和道：大肚能容容天容地与之何所不容。

朱元璋扭头一看，原来是位书生接了他的下联，就主动与余文攀谈起来，十分投机。不久，两人来到一家酒店，想饮酒阔论。哪知，好吃的东西早被游人买空。朱元璋心中觉得可惜，信口便说了一上联：小村店三杯五盏没有东西。

余文见这位自称姓朱的人有点像传说中的当今圣上，也不敢放肆，只是小心应对：大明君一统四方不分南北。

朱元璋一听这句恭维话，心中十分高兴，随即又出一联：千里为重，重山重水重庆府。余文对曰：一人成大，大邦大国大明君。

朱元璋十分高兴，后将余文招至朝廷，赐同进士出身，余文得以一跃龙门。

【举一反三】 顶真对联乃是将前一个分句的句脚字，作为后一个分句的句头字，使相邻的两个分句，首尾相连，亦称“联珠对”。如：

一心守道道无穷，穷中有乐；
万事随缘缘有份，份外无求。

无锡锡山山无锡，
平湖湖水水平湖。

松叶竹叶叶叶翠，
秋声雁声声声寒。

听雨，雨住，住听雨楼也住听雨声，声滴滴，听，听，听；
观潮，潮来，来观潮阁上来观潮浪，浪滔滔，观，观，观。

船载橹、橹摇船，橹动而船行；
线穿针、针引线，线缝而线缀。

山径晓行，岚气似烟，烟似雾；
江楼夜坐，月光如水，水如天。

白鸟忘饥，任林间云去云来、云来云去；
青山无语，看世上花开花落、花落花开。

【勤学好思】　你还知道哪些有趣的顶真对联？

天衣无缝“无情对”

对联中，有一种颇具情趣的“无情对”。出句和对句各自通顺成章，但对句的每个词依其在句中的本义，并不能与出句相对，必须对单字别解，方能与出句相应。

据传，无情对早在宋时就已出现，宋朝名士龚明之在《中吴纪闻》中曾以“鸡冠花未放，狗尾叶先生”一联嘲讽另一名家叶广文，此联可谓最早的无情之对。明朝李西涯的“庭前花始放，阁下李先生”也是名盛一时。

无情对，作为谐对，类似一种有趣的文字游戏。以字面相对，而指事贴切，信手拈来，别开生面，自有一番情趣。传说明成祖朱棣曾对文臣解缙说：“我有一上联：‘色难’，甚是难对。”解缙应声答：“容易。”朱说：“既云易矣，何久不对？”解说：“臣适已对了。”朱始恍然。“色难”，既面有难色之意。“色”对“容”，“难”对“易”，实乃精巧之无情对。

这种独具一格的无情对，后承者中最有名的要属清朝的张之洞了。张之洞喜好结交有才识之士，常设宴款待宾朋。一日，他在陶然亭与众友会饮，命以亭名作无情对，工部侍郎李文田则说：“若要无情，非阁下姓名莫属。”众人一想，果然妙不可言。

接着张之洞府中一位幕僚又出了一联：树已半寻休纵斧。此为当时传吟已久的名句，张之洞仿佛在自言无情对之妙处，慢慢地说：“果然一点不相干。”众人一听不禁拍案叫绝。而李文田思量片刻也对出一下联：萧何三策定安刘。

“树”“果”“萧”，皆草木类；“已”“然”“何”，皆虚字；“半”“一”“三”，皆数字；“寻”“点”“策”，皆转义为动词；“休”“不”“定”，皆为虚字；“纵”“相”“安”，也皆虚字；“斧”“干”“刘”，皆为古代兵器。尤其是张对，以俗语对诗句，更是不拘一格。

正在席间觥筹交错之时，亭外忽然有人大声喧哗，张之洞怒曰：“放肆。”李文田笑对：“收拾。”张之洞闻言细想片刻，二人相视而笑。收与放对仗工整，肆与拾分别为数字，平仄对称，天衣无缝。

【语文之趣】 据传，云南总督蔡锷留居北京期间为迷惑袁世凯，故意沉溺灯红酒绿之中。一日席间，陪酒之人请蔡锷出对以助酒兴，蔡锷无心应承，随手拿起一瓶酒，说：“三星白兰地。”众人细思，许久皆无所对。蔡锷细想也觉不易，恰逢伙计上菜，随口报出菜名：“五月黄梅天。”众人一听，无不拍手称绝。

与此有异曲同工之妙的还有“九尺天蓝缎，六味地黄丸”，“独角兽，比目鱼”，“动武，挪威”，“唐三彩，清一色”，等等。

【勤学好思】 上联：漂母；下联：灌夫。

此无情对不仅对仗工整，平仄和谐，且两者都是汉人。漂母就是给韩信一饭之恩的那个妇人；灌夫是《史记·魏其侯传》中所载之人，由于魏其侯曾在灌夫被丞相田蚡欺侮时为其说了几句话，灌夫便在魏其侯蒙难时为其仗义执言，以致招来灭族之祸！一个施恩不望报，一个以报恩成名，二人事迹对仗，绝妙！

“花心”若以春秋一位圣人之原名相对，你能对出吗？“白虹贯日”为一成语，如果以一种西药名称相对，你知道是什么吗？

别出心裁“数字联”

宋朝仁宗年间，苏轼凭借自己出众的才华博得了当时文坛巨匠、礼部侍郎欧阳修的赞赏，并在殿试中高中进士，苏东坡之名一时名盛全国。宰相王安石十分欣赏苏轼的才华，但发现苏轼恃才傲物，处世狂放，便想点拨于他。

一日，两人一同前往名胜十佛寺游赏，王安石出一上联：

万砖千瓦百匠造就十佛寺，依山而居。

苏轼稍作思量，随即答曰：

一舟二橹三人摇过四平桥，自水而来。

苏轼颇有得意之色，王安石笑了笑，又出一联：一年二春双八月人间两度春秋。

这是王安石以当年有两个立春的节气且又闰八月为题所出。苏轼想了很久，未曾对出。王安石却又出了另一联：

七里山塘行到半塘三里半。

这里嵌入苏轼曾去过的苏州的一个地名，地名中含有数字。苏州阊门外到虎丘的一段路，人称“山塘”，路程约有七里，中间有地名叫半塘。正因上一联困扰的苏轼，又听这一联，思绪变得有点乱，一时无言以对。王安石趁机又出了第三个上联：

铁瓮城西金玉银山三宝地。

面对王安石三联相诘，苏进士竟答不出半句，心中很是惭愧，方知天外有天，人外有人。从此，苏轼便又虚心苦读。几年后，苏王二人重会金陵时，苏轼才对出了三个下联。

第一个是：六旬花甲再周天世上重逢甲子。

第二个是：九溪溶洞经过中洞五溪中。

第三个是：华夏国中孔孟墨子一圣人。

【语文之趣】　1933年夏，贺龙率领红三方面军开赴湘、鄂、川三省交界的台市、百福司和河口一带。这一带地处三省交界，各省都难以管辖，周围几十里的崇山峻岭中盘踞着大小十多股土匪。这些土匪中，势力最大的匪头名叫罗金彪，奸淫掳掠，无恶不作，当地百姓恨之入骨。

罗金彪的父亲死前曾留下一联未能对上：孤山独庙单枪匹马一飞将，罗金彪为替父还愿，选择吉日公开求对。贺龙得知，心生一计，决定应对。到了土匪山中，贺龙提笔写道：夹江两岸双炮对虎二英雄。

罗金彪也学得一些文采，一听下联，大加赞叹，邀请贺龙入厅。第二天早饭后，罗金彪和贺龙以及600多匪兵直奔孤山庙中。贺龙对罗金彪说：“罗老爷，弟兄们背着枪下跪祭祀，不严肃吧，怎显得对令尊的尊重呢?”罗金彪觉得有理，便下令将枪暂时放在一旁。就在罗金彪俯首诵念祭文时，埋伏在佛台里的红军战士悄悄奔出，大声呼道："都不许动，缴枪不杀!"土匪们全部束手就擒。

【勤学好思】 宋朝吕蒙正年幼时家境贫寒，生活窘迫，春节之时，苦读寒窗的他写下一副对联，巧用"隐字"修辞，以数字表明了家中困境。

上联：二三四五

下联：六七八九

横批：南北

你明白吕蒙正的言外之意吗?

精妙奇特"回文联"

相传，明代著名才子唐伯虎一日在湖畔游玩，见湖堤上一个和尚在聚精会神地作画。唐伯虎放轻脚步走到他身后，驻足观看，只见画中一枝荷花出淤泥而不染，栩栩如生，跃然纸上。唐伯虎不禁赞曰："好画!"和尚一惊，回头见是唐伯虎，亦是十分钦佩，便请唐伯虎在画上题句。唐伯虎欣然答应。他沉思片刻，提笔写了一副上联：画上（尚）荷花和尚（上）画。和尚点头称绝，然而唐伯虎一时却对不上下句。此联为回文联，正念倒念皆可成趣，故十分难对。唐伯虎竭尽文思仍无从以对，十分愧疚，便留下了此画问明和尚的宝刹、法号，以便日后对上相送。唐伯虎回到家中，临摹汉代名家书帖之时忽然来了灵感，随即完成了下句：书临汉帖翰林书。

回文联，形式奇特，构思精妙，典雅活泼，匠心独具，回味无穷。"僧游云隐寺，寺隐云游僧。"这副回环相扣、平中见奇的回文联，富有语言美和情趣美，被后人广为传诵。

另有一种回文联，其上下联都只有一句，以句子正中的一个字为对称轴，凡对称位置的字均相同。如云南海秀山联："秀山清水清山秀，香柏古风古柏香。"此联颠来倒去起着强调作用，韵味十足，使人如身临其境，深刻感受到山清水秀的美景，古柏香风的雅趣。

【异曲同工】 浙江新昌南明山大佛寺有一联"人过大佛寺，寺佛大过人"，亦是回文。

北京城南"天然居"酒楼有这样一副对联："客上天然居，居然天上客。"

此联逐字倒读，浑然天成，引人入胜，颇有情趣。它产生了这样一种奇妙意境：客人来到天然居用餐，俨然成了天上客，岂不令人叫绝！

北京前门西大街老舍茶馆也有一对联：满座老舍客；客舍老座满。同“天然居”之联也颇为相似，但意境稍逊一筹。此外，江苏连云港云台山上水帘洞也有一副对联：“洞帘水挂水帘洞，山果花开花果山”，福建厦门鼓浪屿腹浦有一联意境更美：“雾锁山头山锁雾，天连水尾水连天。”

读过《红楼梦》的人都知道这两句：假作真时真亦假，无为有处有还无。此联在第一、五回太虚幻境出现过两次。几乎各种抄本皆如上文，唯一例外的是庚辰本，第一回出现时为：假作真时真作假，无为有处有为无。形成了标准的回文联（正读反读都一样），虽不知曹雪芹原意为何，但想想也十分有趣。

【勤学好思】 数字回文联，即联中全用阿拉伯数字，不出现一个汉字。有人以2002为上联，这是本世纪的一个回文年，下联是上世纪的一个回文联，此联风格别致、新颖，虽为偶然，却不失为创作回文联之新法。你猜出下联了吗？

别有深意“隐字联”

前面曾提到过一副以数字隐喻缺衣少食的对联，这种对联叫做隐字联，是在对联中隐去关键的字，其蕴意深邃，冷嘲热讽，嬉笑怒骂，入木三分。

从前有一庸医名吉生，贻误不少病人，有人就撰一联：未必逢凶化，何曾起死回。逢凶化吉，起死回生都是成语，在这里隐去了“吉”和“生”，暗合医生的名字，讥讽辛辣，妙趣横生。

清朝宗室双富，别号“士卿”，任职期间贪赃无度，敛财无数。有人赠他一副对联：士为知己，卿本佳人。上联出自《战国策》“士为知己者死”句，但隐去了“死”字；下联取自《北史》“卿本佳人，奈何做贼”，隐去了“做贼”二字。明是赞扬，实为骂贼。虽为集句，却是上乘佳联。

明代冯梦龙《古今谭概》中记载：某书生家贫，无酒为友祝寿，遂持水一杯，谓友人曰：“君子之交淡如。”友人知其意，应声曰：“醉翁之意不在。”这一问一答恰好构成一副对联：君子之交淡如，醉翁之意不在。上联出自《庄子·山水》：“君子之交淡如水，小人之交甘若醴。”下联出自欧阳修《醉翁亭记》：“醉翁之意不在酒，在乎山水之间也。”主人有意隐去“酒”字，足见朋友之间真挚的友谊和高雅的志趣绝非泛泛的“酒肉”之情可比。

章太炎与康有为政见不合，曾作联骂康：国之将亡必有，老而不死是为。上句是《中庸》“国之将亡，必有妖孽”，隐去“妖孽”二字，下句是古语“老而不死是为贼”，隐去“贼”字。作此妙联，章太炎不愧为国学大师。

最令人叹为观止的隐字联，莫过于中国香港影星莫愁死后，朋友易君佐送他的一副挽联：与尔同销万古，问君还有几多。上联是李白《将进酒》诗句“与尔同销万古愁”之中隐去“愁”字，下联是李煜《虞美人》词句“问君还有几多愁”之中隐去“愁”字。该二句原本不对，隐弃“愁”字后恰恰是浑然天成，字词、意境俱佳的联作。以之挽莫愁，再妙不过。

【举一反三】 残字妙联是在撰写对联时，其中特定的字没有写全，寓意深刻，耐人寻味：

与国咸休安富尊荣公府第，
同天并老文章道德圣人家。

这是山东曲阜孔府大门上的一副对联。对联的上联的“富”字，上面缺一点，含义为“富贵无顶”。

【勤学好思】 清末，军阀袁世凯窃国称帝，遭到全国人民唾弃。有人送他一隐字联：

一二三四五六七，
孝悌忠信礼义廉。

上下联各隐一字，联语暗骂袁世凯，你知道隐意为何吗？

别具一格“拆字联”

拆字联是对联的一种别具一格的形式，也称析字，离合，将汉字的字形各部分拆开，使之成为另几个字，并赋予新意。

杨慎是明代后期的著名文学家。年幼时便才思敏捷，能文善对。有一年，杨慎父亲的故友来访，宾客谈兴正浓，杨慎见窗外冷雨纷纷，脱口而出：

冻雨洒窗，东二点，西三点。

这上联乃是拆字联，“东二点”是“冻”，“西三点”便是“洒”字。要寻个下句与之相对，却也须费一番心思，宾客都沉思以对。正当宾客苦思下联时，杨慎看见桌案上放着切开敬客的西瓜，灵机一动，又曰：

切瓜分客，上七刀，下八刀。

那些宾客听了齐声称妙。因为这个拆字联，“上七刀”是个“切”字，“下八刀”是个“分”字。联意上也恰合眼前的情景，实在是妙不可言的对句。

其中一位宾客见杨慎小小年纪便有如此文才，便想考他一考，遂出一上联，既拆字又顶真：

二木成林，二火成炎，二土成圭，木生火，火生土，生生不息。

杨慎略一思索，答曰：

三瓜为瓜瓜瓜，三水为淼，三石为磊，瓜滴水，水滴石，滴滴归源。

宾客们无不称赞。

明代另一才子文必正也曾以一副拆字联获取了佳人青睐。原来文必正倾慕吏部侍郎府上千金霍金定，便卖身为奴进入府中。小姐不信此人就是驰名远近的才子，便出言相探：吏部堂中一史不读枉作吏。文必正对曰：天香阁上二人叙情夫为天。两人一来一往，叙谈之间便订下了百年之约。

【举一反三】　拆字联中有许多妙联，据传清康熙年间的山阴才子赖布衣便曾留下一联，联中拆字又含一句古诗。

车车车轰，余斗成斜，车车车，远上寒山石径斜；
口口口品，水酉变酒，口口口，劝君更尽一杯酒。

乾隆时的刘墉也曾留有一联更妙，拆字，顶真，含诗。

上联曰：寸土为寺，寺旁言诗，诗曰：明月送僧归古寺；

下联曰：双木成林，林下示禁，禁云：斧斤以时入山林。

【勤学好思】　你能按照拆字联的特点，将下面几联完成吗？

（　）奇马，（　）长弓，琴瑟琵琶八大（　），王王在上，单戈成战。

伪为人，（　）龙衣，魑魅魍魉四小（　），鬼鬼犯边，合手即（　）。

泉茶，三（　）白（　）；

竺仙庵，（　）个（　）人。

妙人儿倪家少女，大言（　）诸葛一（　）。

“哑联”无声胜有声

对联一般用笔写，用嘴说，而哑联却是在特定环境下，以动作、手势、实物，或通过某种情态，或借助周围物象表情达意，因此别有情趣。

明代著名文人徐文长，浙江人氏。相传，徐文长为杭州西湖撰过一联：“八百里湖山，知是何年图画；十万家烟火，尽归此处楼台。”

此联气势宏伟，极言西湖美景。人们交口称赞，竞相传抄。杭州知府认为徐文长屡试不中，没有什么学问，于是命人找来徐文长，欲一试高下。知府用手指着六和塔道：“听说你很有文才，本府有一上联，让你来对：六塔重重，四面七棱八角。”

徐文长早已听说杭州知府心胸狭窄，不能容人。于是也不答话，只是伸出手来晃了两晃。知府以为徐文长对不上，便呵斥道：“徐渭，你好大胆！本府命你对句，你不识好歹，竟敢用这些小动作戏弄本官？”徐文长答道：“小人已对出下联了：一掌平平，五指三长两短。”知府无话可说。

又一次，徐文长来到西湖游玩，一个书生给徐文长出一上联：“保俶塔，塔顶尖，尖如笔，笔写五湖四海。”

此联上句末字是下句首字，是顶真联。徐文长伸手指了指锦带桥，又向书生拱了拱手，接着又向四面摇了摇手。

书生见徐文长默不做声，只是摇手不已，以为徐文长也不过尔尔，浪得虚名而已，于是狂笑不止。

徐文长道：“这位仁兄高才，难道连哑联也不懂吗？本人手所指是说‘锦带桥’，拱手是说‘桥洞圆，圆似镜’，四面摇手是说‘镜照万国九州’。这位仁兄请连起来读，那就是本人所对的下联了。”

大家将徐文长所说的连起来一读，方知其妙：“锦带桥，桥洞圆，圆似镜，镜照万国九州。”

据说，清代四川才子李调元中秋佳节到成都会友，望江楼上，友人为助酒兴，请李调元即兴作哑对。约定后，一个老学究便把坐椅搬到一棵梧桐树下，背靠树，仰首望月，怡然自得。李调元见状，笑而不语，只将火点燃，提着灯直上崇明阁，捧书而读，怡然自得，众人称绝。原来，老学究出的上联是“移椅倚桐同赏月”，李调元对的下联为“点灯登阁各攻书”。

【语文之趣】 苏东坡谪贬黄州后，一居数年。其间耕东坡，游赤壁，访沙湖，倒也不乏趣味。一天傍晚，他偕好友佛印和尚泛舟长江之上。二人开怀痛饮，谈笑风生。酒过三巡，佛印向东坡索句。东坡用手往左岸一指，笑而不答。佛印循指望去，只见岸上农夫罢耕归去，游人踏月回来，不解东坡何意。正疑惑间，他只见河岸上有一条大狗正在啃骨头，顿有所悟，欲言又止，乃呵呵一笑，随即将自己手中的题有苏东坡诗句的大蒲扇抛入江中，此时二人心照不宣，抚掌大笑。

原来他俩各自的含义，却是一副精巧的哑联。这就是：

狗啃河上（和尚）骨（东坡联）；

水流东坡诗（尸）（佛印联）。

【勤学好思】　清代乾隆身边有一宠臣和珅，熟知乾隆喜好，惯会逢迎。一日，乾隆无事，登上四方楼，随口出联令和珅来对：四方楼上望四方，四方，四方，四四方。

和珅也素有几分文才，以其言语动作工整地对出一副下联，你能猜到他是如何应对的吗？

神童以联戏奸相

唐朝有位少年名叫刘晏，小小年纪，便能吟诗作对，出口成章，而且灵敏机智，聪慧过人。10岁时刘晏学会了骑马，常身着红衣，策马疾驰。一日，他骑马过桥，马惊，冲撞了当朝相国李林甫的仪仗。李林甫听下人说，此少年乃远近闻名的“奇才”，便想在众人面前挫挫刘晏的锐气，显示一下自己的才学，遂张口说道：“红孩儿骑马过桥。”刘晏随即对曰：“赤帝子斩蛇当道。”

李林甫见刘晏出语不凡，就想拉拢他，于是将其带入相府，说要考考刘晏的才学。刘晏对李林甫欺君罔上、结党弄权、陷害忠良的劣迹早有所闻，遂决定见机行事。来到相府，李林甫说：“入阁饮茶，连步可登麒麟阁。”话音刚落，刘晏答曰：“临池染翰，何年得到凤凰池。”对句工整，气势非凡。李林甫见难不倒刘晏，思量许久，看着厅堂上一幅丹青又说：“中堂上一幅古画，龙不吟，虎不啸，花不芬芳，猿不跳，暗笑蓬头刘海。”刘晏略一思索，看见桌岸上有半局残棋，遂对曰：“凉亭下半局残棋，马无主，车无轮，卒无兵营，炮无声，闷攻束手将军。”李林甫见未曾占着上风，有些气恼又说：“两猿伐木盘石山，小猢狲也敢对锯（句）？”刘晏冷笑：“匹马陷足淤泥河，老畜生怎样出蹄（题）!”李林甫听到如此不逊的言辞便企图以权势相挟，他傲慢地念道：“骑青牛，过函谷，老子姓李。”刘晏微微一笑对道：“斩白蛇，入咸阳，高祖氏刘。”李林甫听罢，也知刘晏才华出众，恐其日后飞黄腾达，只好草草收场。

【举一反三】 刘晏才压李林甫的最后一副对联，为姓氏对联，气势雄浑，技高一筹。姓氏对联源自何时，目前没有史料记载，我国第一部关于对联的专著——《楹联丛语》中也未曾出现过关于姓氏对联的条目和内容。姓氏对联的明显特点是夸宗颂祖、短小精悍、风格古雅、集体相传。姓氏对联的遣词造句，寻章摘句、觅史搜典、高古儒雅；若不懂历史，不知其典，只观文字表面，通常一眼看去不知其意。姓氏对联都是靠本族代代相传，逐步完善定型，而后传入后世，录入古籍之中。

旧时，一个村镇住着朱、项两家大户。一年，朱姓人家翻新祠堂，祠堂门口悬挂着这样一副对联：两朝天子，一代圣人。后梁的太祖朱温，明朝的开国皇帝朱元璋，都是坐龙廷、当皇帝的先祖，故谓“两朝天子”；宋朝的理学家朱熹，曾以“亚圣”名扬天下，故是“一代圣人”。

项姓人家见朱家口气如此之大，难抑愤慨，遂也重建了一个祠堂。竣工之日，堂门两边悬挂的对联为：烹天子父，为圣人师。口气和语句，直压朱姓，“烹天子父”指的是秦汉时代，楚霸王项羽，烹煮了汉高祖刘邦的父亲；“为圣人师”是指春秋时期，被称作圣人的孔夫子，曾经师从项橐，学习礼仪。这两副姓氏对联的故事，以其极强的概括力和针对性，令人拍案叫绝!

【勤学好思】 有庐堪千古，
读策定三分。

平阳世守三章约，
子建才高七步诗。

这两副对联是指哪两个姓氏呢？你知道其中所藏的典故吗？

对联添字讽慈禧

1904年，慈禧70大寿，准备大肆庆祝一番，于是搜刮民脂，倾空国库，致使民怨沸腾，有位谗臣为讨慈禧欢心特进献一副对联：一人有庆，万寿无疆。

慈禧50岁生日时，正值中法大战，中国不战则败，开放了云南等内陆地方；60岁寿辰时，中日甲午海战，中国惨败，台湾等地沦为日本的殖民地；而这次70大寿，正值日俄战争之后，东北三省被俄国蚕食。可以说，慈禧每祝一次寿，中国疆土必有一失。

人民对这位无视国难、一心享乐的“西太后”深恶痛绝，有人添了几字将那副祝寿之联改为：只剩一人何有庆，每逢万寿必无疆。

讽刺针砭，一针见血。福建报业界名人林白水则添改为：

今日幸西苑，明日幸颐和，何日再幸圆明园？四百兆骨髓全枯，只剩一人何有庆；

五十失琉球，六十失台湾，七十又失东三省，五万里版图尽弃，每逢万寿必无疆。

此联对仗工整，正气凛然，读来铿锵有力，掷地有声，对慈禧的鞭笞入木三分。

而后，革命志士章太炎盛怒之下，也成一联：

今日幸颐和，明日幸海子，几忘曾幸古长安，何兆民膏血轻抛，只顾一人庆有；

五旬割云南，六旬割台湾，此时又割东三省，数千里版图尽弃，每逢万寿疆无。

仅两字颠倒，却有天地之别，此联一出，天下人无不叫绝。

【异曲同工】　钱谦益号牧斋，是明末清初文坛领袖。黄宗羲认为其文学地位与王世贞不相上下，并誉其诗文“可谓堂堂之阵，正正之旗”。但由于他后期降清，为士林所不齿，他与柳如是凄婉的爱情也涂上了悲壮的色彩。《清稗类钞·讥讽类·君恩臣节》说：“钱牧斋降后，尝揭一联于门，联为‘君恩深似海，臣节重如山’二句。后有人于联下各添一字云：‘君恩深似海矣！臣节重如山乎?’”只添两字，对联的意思就发生了根本性改变，成了讥讽、批判主人的绝对。

【勤学好思】　古时有一穷人家的孩子，机智聪慧，颇有文才，他家住在一户财主的竹园对面。这少年便自题一副对联挂于自家门前：门对千竿竹，家藏万卷书。

财主得知十分不快，自家竹园却被一户穷人应景，于是命家丁将竹子全部砍去一截。少年得知，在对联下各添一字：门对千竿竹短，家藏万卷书长。

财主见后有些恼怒，命人将竹子连根拔光，少年则又添了一字，不但对景，且有深意，你知道他添的是何字吗？

孙文以联示抱负

孙中山先生是我国民主革命的先驱，才华出众，文思过人，早年外出留学。清代光绪年间，留洋归来，在经过湖北武昌的总督府时，想去拜访一下湖广总督张之洞。他向守门的卫士递上自己的名片，说："学者孙文求见之洞弟。"门卫将名片送到张之洞那里时，张之洞闻言很不高兴，便问门卫："来者怎样？"门卫说道："貌似儒生。"张之洞心想，素未谋面，我一堂堂总督，你居然跟我称兄道弟，未免也太狂妄了。当即叫人取来纸笔，略加沉思，在纸上写了一行字，让门卫交给孙中山。孙中山接过门卫递过的纸条一看，只见上面写着一句上联：持三字帖见一品官儒生妄敢称兄弟。表现了张之洞对孙中山的不满和轻视。

孙中山看完微微一笑，要来纸笔，也在纸上写了一行字，叫门卫再送给张之洞。这下联乃是：行千里路破万卷书布衣亦可傲王侯。上下联对仗工整，自信在胸，气势不凡。

张之洞看罢，心中不觉吃惊，心想一个儒生居然有如此的口气和抱负，实在少见，当下也不敢怠慢，连忙传令开了大门迎接，自己也在客厅静候，毫无一点轻视之举。

【文海拾贝】 1917 年秋，毛泽东在安化做农村调查时前去拜访清末两湖学院毕业的一位学者夏默安，不料却吃了闭门羹。他一连几天恭敬等候，夏默安感其诚心，于是改变了态度，与其会面。寒暄之后，夏默安出联相考：绿杨枝上鸟声声，春到也，春去也？毛泽东思忖片刻，对曰：青草池中蛙句句，为公乎，为私乎？

夏默安听罢，点头称赞，随即以贵宾相待，二人畅谈良久。下联较上联更胜一筹，带有几分诘问，几分批判，显示出独有的气度。

【勤学好思】 大革命时期，孙中山一手创办的黄埔军校门口有副对联，至今读来仍掷地有声：

升官发财请往别处，
贪生怕死莫入斯门。

仅靠此条，多少名将由此而生。
你能想到该联的横批为何吗？

林则徐挂联自省

林则徐是清代末期著名爱国志士，以虎门销烟名留千古。

他自幼苦习诗书礼仪，年少有志。儿时，父亲带他登山观海，望着波涛连天、浩瀚千里的壮景，父亲语出一联：奔海天，边作岸。林则徐张口对曰：登山顶，我为峰。语出惊人，气度非凡。

长大后，林则徐以其聪明才智获得朝廷赏识，他刚正不阿，忧国忧民，而又勤勉自省，虚怀若谷。他写了一副对联挂在大堂上：求通民情，愿闻己过。号召百姓大胆揭露贪官污吏，并鼓励属下向自己提意见以自省。

后来，林则徐升任两广总督，积极查禁鸦片。为了提醒自己广开门庭、集思广益，并警醒自己要做到光明磊落、刚正不阿以防微杜渐，他又写了一副对联，挂于厅上。那对联是：

海纳百川，有容乃大；
壁立千仞，无欲则刚。

禁烟开始之时，林则徐亲自到广州查禁鸦片。刚一到任，就着手训练官兵，并建立演武亭，以防敌军进攻。据说，在那演武亭柱上，也悬挂着他亲自撰写的对联：

小队出郊垌愿七卒功成甲洗银河长不用，
偏师成堡垒看百蛮气慑烟消珠海有余清。

七卒是指林则徐自己训练出的精锐部队。只可惜，像他这样的有识之士在当时太少，又被当局者加害，空有才华抱负而不得施展，实乃千古悲剧。

【文海拾贝】　林则徐的女婿沈葆桢是道光年间进士，颇有才华，做过监察御史、知府等职。后来加入湘军幕府，做了江西巡抚。由于他年轻有为，仕途顺利，因此有些恃才傲物，目中无人。他曾写过一副咏月对联：一钩已足明天下，何必清辉满十分。

联意是说，一钩弯月已足以照亮大地，不再需要明月满辉。后来，这副对联让林则徐见到了，就将下联中的“必”改为“况”，成为：一钩已足明天下，何况清辉满十分。

只更一字，便更有深意，将一种自高自大的口吻转变成了凌云壮志。沈葆桢明白了岳父的苦心，心中十分愧疚，立誓痛改前非，谦虚谨慎，最终成就了一番事业。

【勤学好思】 林则徐受命于国难之际，忠义不变，一生坎坷辛酸，却始终志坚不渝。他有一副对联，概括了其一生，也表达出伟大的民族气节，历史书上曾提到过，你知道是哪副吗?

陶渊明撰联教少年

陶渊明一生不愿在官场阿谀逢迎，不为五斗米而折腰，后半生多隐居田园，由此写下了不少优秀的田园诗歌。

尽管陶渊明不愿累于官场，但却性格爽朗、结交广泛，常与朋友相聚，把酒赋诗。许多年轻人因他平易近人，也希望得到他的指教，常有陌生少年前来求教。

这日，又一少年向陶先生请教学习的好方法。陶渊明听了大笑说：“求学精进无捷径，最好的办法也是最笨的办法。”

“书山有路勤为径。勤学才是唯一的好方法，懒惰就是荒废的前奏。”陶渊明还说：“你看那田间的禾苗，看上去并未见它在长高，可是它每时每刻都在生长，这样日复一日不断生长，才有由春苗到秋实。一天内长成，那是不可能的。磨刀石，起初只是一块石头，只有天天去磨，天长日久，才会有马鞍样子的凹槽。学习不能一蹴而就，贵在恒心，贵在坚持，贵在积累。”

少年顿悟。临走时，陶渊明还赠了一副对联：

> 勤学如春起之苗，不见其增，日有所长；
> 辍学如磨刀之石，不见其损，日有所亏。

还有一富贵人家少年因家境优越，整日玩乐，其父无奈请求陶渊明训诫儿子，陶渊明写了一副对联：

爱惜精神留此身担当宇宙，
蹉跎岁月将何日报答君亲。

此少年也本聪明之人，见这副训诫之联，决心勤奋求学，有所成就，以报答亲恩。

【引经据典】　《笠翁对韵》是学习中国对联的一本绝佳的读本。学习应从点滴开始，对联其实是一种修辞表达的升华与精练。下面是《笠翁对韵》的选摘：

天对地，雨对风。大陆对长空。山花对海树，赤日对苍穹。雷隐隐，雾蒙蒙。日下对天中。风高秋月白，雨霁晚霞红。牛女二星河左右，参商两曜斗西东。十月塞边，飒飒寒霜惊戍旅；三冬江上，漫漫朔雪冷渔翁。

河对汉，绿对红。雨伯对雷公。烟楼对雪洞，月殿对天宫。云叆叇，日曈曚。腊屐对渔蓬。过天星似箭，吐魂月如弓。驿旅客逢梅子雨，池亭人挹荷花风。茅店村前，皓月坠林鸡唱韵；板桥路上，青霜锁道马行踪。

山对海，华对嵩。四岳对三公。宫花对禁柳，塞雁对江龙。清暑殿，广寒宫。拾翠对题红。庄周梦化蝶，吕望兆飞熊。北牖当风停夏扇，南帘曝日省冬烘。鹤舞楼头，玉笛弄残仙子月；凤翔台上，紫箫吹断美人风。

【勤学好思】　晨对（　），夏对（　），古柏对（　　）。

清对（　），薄对（　），暮鼓对（　　）。

繁对（　），叠对（　），意懒对（　　）。

数（　）君子（　　），（　）树（　　）松。

最长对联超千字

古往今来，有许多对联都号称天下第一长联，然而终究是人外有人，天外有天。成都望江楼崇丽阁的对联，上下联共210字，实属难得之作。

上联：

几层楼，独撑东面峰，统近水遥山，供张画谱，聚葱岭雪，散白河烟；烘丹景霞，染青衣雾。时而诗人吊古，时而猛士筹边。最可怜花芯飘零，早埋了春闺宝镜，枇杷寂寞，空留著绿野香坟。对此茫茫，百感交集。笑憨蝴蝶，总贪送醉梦乡中。试从绝顶高呼：问问问，这半江月谁家之物？

下联：

千年事，屡换西川局，尽鸿篇巨制，装演英雄，跃岗上龙，殉坡前凤，卧关下虎，鸣井底蛙。忽然铁马金戈，忽然银笙玉笛，倒不若长歌短赋，抛撒写绮恨闲愁；曲槛回廊，消受得好风好雨。嗟予夔夔，四海无归。跳死猢狲，终落在乾坤套里。且向危楼附首：看看看，哪一块云是我的天？

武昌黄鹤楼上亦有一副长联可与之匹敌，合共350字。

上联：

跨蹬起层楼，既言费文韦曾来，施谓吕绍先到此，楚书失考，竟莫喻仿自何朝？试梯山遥穷郢塞，觉斯处者个台隍，只有祢衡作赋，崔颢作诗，千秋宛在。迨后游踪宦迹，选胜凭临，极东连皖豫，西控荆襄，南枕长岳，北通中息，茫茫宇宙，胡往非过客遽户。悬屋角檐牙，听几番铜乌铁马，涌清帆挂楫，玩一回雪浪云涛，出数十百丈之巅，高陵翼轸，巍巍岳岳，梁栋重新，挽倒峡狂澜，赖诸公力回气运。神仙浑是幻，又奚必肩头剑佩，丛里酒钱，岭际笛声，空中鹤影。

下联：

蟠峰撑杰阁，都说辛氏炉伊始，哪指鲍明远弗传，晋史缺疑，究未闻见从谁乎？由战垒仰慕皇初，想当年许多人物，但云屈子离骚，曩熊遗泽，万古常昭。其余劫霸图王，称威俄顷，任成灭黄弦，庄严广驾，共精组练，灵筑章华，落落豪雄，终归于苍烟夕照。惟方城汉水，犹记得周葛召棠，便大别晴川，亦依然尧天舜日，偕亿群伦以步，登耸云霄，荡荡平平，挽抢净扫，睹丰功伟烈，贺而今曲奏平。风月话无边，赏不尽郭外柳荫，亭前枣实，洲前草色，江上梅花。

然而此联亦非极致，中国古今第一长联究竟有多少字呢？

中国最长的对联，是清末四川江津才子钟云舫所写的《拟题江津县临江城楼联》，共1612字。

长联前赋有一序：

“飞来冤祸，理所不解，偶一触念，痛敝心肝。迟迟春日，藉此搜索枯肠，欲其不以冤情撄念耳。以泪和墨，以血染纸，计得一千六百余字，明知抛查取厌，而故曼其词，谬欲以长制胜，阅者笑我之无耻，当谅我之无聊也。噫!”

突如其来的冤祸使钟云舫成为阶下囚，一把辛酸血泪凝聚千言，他以此副长联排除苦闷，排遣难捱时光，以慰己心。

【勤学好思】 中国最有名的一副长联是云南昆明滇池大观楼的对联，共180字，由清朝名士孙髯所撰。全联如下：

五百里滇池奔来眼底披襟岸帻喜茫茫空阔无边东骧神骏西翥灵仪北走蜿蜒南翔缟素高人韵士何妨选胜登临趁蟹屿螺洲梳裹就风鬟雾鬓更苹天苇地点缀些翠羽丹霞莫辜负四围香稻万顷晴沙九夏芙蓉三春杨柳；

数千年往事注到心头把酒凌虚叹滚滚英雄谁在想汉杵楼船唐标铁柱宋挥玉斧元跨革囊伟烈丰功费尽移山心力只尽珠帘画栋卷不及暮雨朝云便断碣残碑都付与苍烟落照只赢得几杵疏钟半江渔火两行秋雁一枕清霜。

这副对联对仗工整，字句洗练。上联写景，磅礴大气，情景交融；下联写史，句出典雅，意境幽远。全联气势雄浑，古今称绝。

欣赏这副长联，要懂得断句，才能看懂其中意味，你能正确断句解意吗?

化诗为联意境高

许多对联之中，会化用诗词之句，将诗词歌赋的意境表现在对联之中，耐人寻味。

南京市内有座瞻园，相传为明朝初年著名武将中山王徐达的花园，既然是王侯之所，自然少不了奇珍、古玩、字画。花园初建时，为了装点门庭，徐达便亲自撰了一副上联：

> 大江东去，浪淘尽千古英雄，问楼外青山，山外白云，何处是唐宫汉阙?

这上联气势雄伟，借用了苏东坡的诗赋起兴，接着以雄浑豪迈气势问尽青山白云，直指汉唐这两个历史上兴盛的时期，化用了多首诗词之句。然而这特有的词韵却十分难对，周围的谋士大臣都束手无策。

徐达于是以联纳贤，对出者以高官百金相赠，一时之间，全城沸腾。一位隐士得知，修书一封，对出下联：

小巷西回，莺唤起一庭佳丽，看池边绿树，树边红雨，此间有舜日尧天。

此下联以婉约词派之句对豪放词派之语，婉转低回，结构严谨，意境贴切，堪称绝对。

从此，这副对联便刻于瞻园，长留名胜之地了。

【引经据典】 宋代著名的宰相、词人晏殊，有一次路过扬州。由于路途劳累，便来到当地名胜大明寺休息。他趁休息之余观赏风景，发现寺内的墙壁上有很多文人墨客的题诗题词。其中一位名叫王琪的人诗句文采出众，意境悠远，深得晏殊赞誉。

后来几经周折，找到王琪。二人一起吃饭，一起散步，共同谈论诗文，意气十分相投。当时正值晚春花谢时节，晏殊见四周都是落花，随风四处飘零，见景生情，叹息道：无可奈何花落去。

王琪听了，轻轻地应声道：似曾相识燕归来。

晏殊一听，这下联对得巧妙无比，意境清幽，十分喜爱，后将其写进了著名的《浣溪沙》词中，流传千古。

【勤学好思】 仔细品读下面两副对联，你能看出是化用了何处之句吗？

倦飞知还云无心以出岫。
含睇宜笑若有人兮山阿。

上联与陶渊明有关，下联出自楚辞。

仰之弥高，钻之弥坚，可以语山也。
出乎其类，拔乎其萃，直若登天然。

此联通顺流畅，灵活化用，浑然天成，“仰之弥高”源于何处，你知道吗？

短联说尽长人生

汉朝著名大将、淮阴侯韩信墓前有副短联：

生死一知己，
存亡两妇人。

这副对联十分工整，言简意赅，同时包含了韩信生前所经历的几个著名的事件，高度概括了韩信悲剧化的一生，以及生死存亡的前因后果。

秦代末年，天下大乱，正是乱世出英雄的时代。韩信少年有志，熟读经书，后又经兵家传以兵书，更是韬略天下，想要大干一番事业。他先来到西楚霸王项羽的军队中，但没有受到重用。于是，他来到以善于用人而著称的刘邦手下从军。起初，仍然是怀才不遇。于是韩信一气之下，愤然出走。刘邦手下有个叫萧何的人，认为韩信有雄才伟略，不可多得，便连夜追出几百里，把韩信追回，并向刘邦大力举荐，韩信被封为大将军，因此得以一展雄才。在为刘邦打天下的过程中，韩信屡建奇功，成为一大开国功臣。刘邦称帝后，韩信即被封为淮阴侯。由此，韩信跟萧何成了知己，来往十分密切。刘邦当了皇帝，便开始猜疑韩信，想要废除他的兵权，韩信也略有反意。萧何与吕后设下圈套，诱使韩信至长乐宫，将其杀害。这就是俗语说的：成也萧何，败也萧何。

传说当韩信年轻时，因家里穷困，差点饿死在荒郊野外。幸得一个洗衣的妇人看见，将他救回家中，给他饭吃。住了十多天，保住了性命。韩信发达后，为了报答一饭之恩，给了这位妇人很多的钱。这便是成语“一饭千金”的由来。韩信第一次被一个妇人救活了，后来被吕后杀害了，存亡都在妇人手中。由此，韩信的一生，便被这寥寥十个字概括了。

【文海拾贝】　汉阳月湖湖畔曾有一古琴台，名唤伯牙琴台，历史悠久，后被毁却。新中国成立后，人们重新翻修，建碑刻史，铭有碑文。俞伯牙画像旁还有两副古联：

志在高山，志在流水；
一客荷樵，一客听琴。

另一联是：

绿树成荫，芳草为积，登临贵在得趣时耳；
水仙已去，樵子不来，先生何以移我情乎。

这两副对联，不但描绘出了琴台的风景，而且还写出了高山流水有知音的意趣。

春秋战国时，楚国著名音乐家俞伯牙外出采风，船泊汉阳，偶遇樵子钟子期。俞伯牙弹奏了两曲，一曲意在高山，钟子期曰："善哉，巍巍兮若泰山"；一曲意在流水，钟子期曰："善哉，洋洋兮若江海。"二人遂成莫逆之交，共享音乐之乐。后钟子期病故，俞伯牙摔琴以谢知音，郁郁之中也去世了。

【勤学好思】 有一副巧妙的嵌名联，不仅嵌入了两位历史人物之名，也点出了二人的事迹。对联如下：史鉴流传真可法，洪恩来报反成仇。

同为名将，际遇不同，你知道二人为谁，事迹如何吗？

巧借谐音出妙联

浙江富阳的文武举人和秀才在官府的支持下，集资建造了一座"二圣祠"。祠庙内供奉着"万世师表"的大圣人孔夫子以及"忠义双全"的武圣人关羽。二圣祠落成之日，举行庆典，众人一致赞同在门口题联留念。可是谁该是上联呢，文武举人争执不下。文人认为孔子德高天地，学绝古今，理当占上联位，而武举们认为关云长忠义之气贯日月，义薄云天，应占上联。双方争执不下，建议请名重一时的大才子徐文长来决断。

徐文长与那一群文武举人一同乘船，奔赴富阳。一路上，船只急行在碧水清澈、波涛盈盈的富春江上，后舱请来助兴的乐班拨弦弄丝吹起了笙箫管笛，一时间，丝竹悦耳之声不绝于耳。徐文长一边欣赏丝竹之乐，一边眺望江上风景。看到远处有一只摇橹的船，尽管船夫很是卖力，但行进仍是困难，很快就落在了他们乘坐的帆船之后。见此情景，徐文长脱口道：两船并行橹速不如帆快，八音齐奏笛清难比箫和。

联语一出，满船文武秀才齐声喝彩。原来这两句联语之中含有四位古代的名人，"橹速"音谐"鲁肃"，"帆快"音谐"樊哙"，"笛清"音谐"狄青"，"箫和"音谐"萧何"，而且上下联皆是嵌入文武名人而得对。而徐文长的用意并非仅仅如此，他借机说：“橹和帆都是用来行船的工具，各有用处，相辅相成，只有取长补短才能发挥到极致。笛声与箫音亦如此，再延伸到文武之道，一张一弛，同出一辙。不知各位认为怎样？”徐文长这一番话说得众人无不点头称赞，两方的争执就这样化解了。

巧妙地利用汉语言文字同音同义的关系，使一句话涉及两件事情或两种内容，一语双关地表达作者的意思，这种谐音联往往会收到出乎意料的微妙效果。

以批注《水浒》出名的另一明代文人金圣叹曾被一位德高望重的高僧以一联难住：莲子心中苦。此上联似易实难，然而在金圣叹即将被朝廷处斩之际，因舍不得其年幼的儿子，他脱口而出：梨儿腹内酸。音谐意深，情真意切。

【语文之趣】 向阳门第春常在，积善人家庆有余。

相传苏轼访佛印，印藏鱼磬中。苏乃出上联，印对下联，苏曰：“既然磬（庆）有鱼（余），何不同吃？”

筵上枇杷，本是无声之乐；草间蚱蜢，还同不系之舟。“枇杷”谐“琵琶”，“蚱蜢”谐“舴艋”，十分有趣。

有的谐音除本意外，其谐音还可作谜语猜，如“独览梅花扫腊雪，细睨山势舞流溪。”上下联谐简谱中的“1234567”七个音，下联谐“1234567”七个数字的方言读音，不仅对仗工整贴切，而且谜味浓郁。

【勤学好思】 1940年，大汉奸汪精卫成立伪政府时，有人给他送了一副“贺联”：

昔具盖世之德；
今有罕见之才。

这也是一副谐音联，表面看是在奉承，其实是以谐音在讥骂汪精卫。

你知道是什么谐音吗？

偏旁部首对妙联

相传明朝的天启年间，受皇帝宠幸的宰相叶向高奉命去南方巡视，以备皇帝对各地官员的升迁贬免。来到了福州地区，恰好当年新科状元出在福建，叶向高便顺势前往。当时的新科状元翁正春正归家探亲，两人畅叙古今风俗民情、诗词歌赋，谈得十分投机，不知不觉竟谈到了深夜。

叶向高起身要回去时，却发现天色已黑，进城的大门已关，便对翁正春说："时已太晚，老夫今晚恐怕进不了城了。"翁正春知道叶向高是要在自己家里过夜了，于是笑呵呵地说："宠宰宿寒家，穷窗寂寞。"

叶向高刚要随口答下联，仔细一琢磨，却并不简单，因为这上联全是"宝盖头"，他于是静下心来，想了想，答道：客官寓宫宦，富室宽容。

翁正春听了这下联，拍手称绝。原来，这下联不但也全用了"宝盖头"，而且切合情景，对得巧妙工整，合乎韵律。

叶向高仿佛被挑起了兴致，也出一上联：

沧海汪洋，潮涨潮落波涛澎湃。

此联亦十分巧妙，翁正春思量片刻，对曰：

崇山峻岭，崖巍崖崛峦巇嵯峨。

【异曲同工】 奇联选摘：

上联：泪涕湘江流满海。

下联：嗟叹嚎啕哽咽喉。

此联为屈原祠之联，下联犹妙。

上联：河汉汪洋，江湖滔滔波浪涌。

下联：雲霄雷電，霹雳震震霈雨霖。

此联为湖北利州天成观龙王殿联。

【勤学好思】 下面这副对联你能说出它的妙处吗？

烟锁柳池塘（金木水火土），炮填镇海楼（金木水火土）。

一字多音巧对联

相传明嘉靖年间，一位姓解的钦差奉皇帝的旨意巡查运河航运。一天，他到达古城沛县，县衙见上司到来，连忙大摆筵席，为其接风洗尘。宴会中，酒过三巡，这位解大人突来雅兴，想出联相对，于是便说："今日众人相聚，实在难得。我愿出一个上联，请各位对出下联，以助酒兴。"说完，众官逢迎说好。他便说：

一杯清水，解解解元之渴

众官听了，面面相觑，没有一个能对，情形十分窘迫。正在这尴尬之时，只听一阵箜篌的击打声。众官抬头，见一位被请来奏乐助兴的伶女轻启玉唇，莺莺之声响起：

半榻箜篌，乐乐乐府之词

话音刚落，满堂哗叹。上联中“解”字有三意：前一“解”乃是解渴之解，第二个“解”字是姓氏，而第三个“解”字便是解元的意思，这位解钦差乃解元出身。而伶女之对也十分巧妙，前一“乐”是快乐之乐，中间的“乐”字是弹奏之意，而最后一个“乐”字是“乐府”之意。

【异曲同工】　同字异音联，是利用汉字的一字多音的特点创造出来的对联。山海关孟姜女庙就有这样一副对联：

海水朝朝朝朝朝朝朝落，浮云长长长长长长长消。

海水潮，朝朝潮，朝潮朝落；浮云涨，长长涨，长涨长消。

下面两副对联也是利用了汉字一字多音的特点所作：

上联：乐乐乐乐乐乐乐。

下联：朝朝朝朝朝朝朝。

此联为故宫太和殿联。上联读为：乐曰，乐曰，乐乐曰。下联读为：召朝，召朝，召召朝。意为朝朝朝拜。

上联：朝云朝朝朝朝朝朝朝退。

下联：长水长长长长长长长流。

此联为四川朝云庙联。上联读为：朝云潮，朝朝潮，朝潮朝退。下联读为：长水涨，长长涨，长涨长流。

上联：好读书不好读书。

下联：好读书不好读书。

此联为（明）徐渭所作。上联指年少时好读书却不爱好读书，年老时爱好读书不好读书。

【勤学好思】　旧时有一家米店门前有一副奇特的对联：

长长长长长长长，
行行行行行行行。
你知道怎样读吗？

一联双关语意深

相传，明代才子唐伯虎与祝枝山于一日在林间游玩，见一处庄园，郁郁葱葱，林木茂盛。唐伯虎随口出一上联：眼下一簇园林谁家庄子。

祝枝山刚要接口续对，可是当他仔细推敲琢磨时，才发现其中暗藏玄机。原来，这联语中表面问眼前的园林是哪一家的，可实际却把庄子的名作《庄子》藏于联尾，语意双关，历史与现实相糅合，要对出来却也不易。

祝枝山边走边低头沉思，不一会儿到了一家酒馆，随即点菜入席。祝枝山仰头，正要请唐伯虎饮酒，恰好看见酒馆内的墙壁上书有一联：杜康传技，李白遗风。

这副对子使祝枝山灵光一闪，叫道："下联有了，请看：壁上两行文字哪个汉书。"

这下联也同样有语意双关之妙，同样把著名的《汉书》嵌入其中，与上联是珠联璧合，妙趣天成。唐伯虎听罢，拍手叫好。

两人开怀大笑，举杯痛饮。

【举一反三】 1953年，钱三强率科学考察团出访，团员有华罗庚、张钰哲、赵九章、吕叔湘等人。途中闲暇无事，少不得谈今论古。这时华罗庚即景生情，得出上联一则：三强韩魏赵。三强说的是战国时期韩、魏、赵三个强国，却又隐喻代表团团长钱三强的名字，这就不仅要解决数字联中难对的困难，而且要在下联中嵌入一位科学家的名字。因此，华老上联一出，诸人大费踌躇，无人能对。片刻之后，华罗庚不慌不忙地续对出下联：九章勾股弦。九章是我国古代著名的数学著作，此书首次记载了我国数学家所发现的勾股定理。同时，九章又是大气物理学家赵九章的名字。对得如此之妙，使满座为之倾倒！

【勤学好思】 昨夜敲棋寻子路，
今朝对镜见颜回。

一联中也是嵌名，双关，你能解释其妙处吗？

对联添字寓意改

相传，闽南有一“清德庵”。尼庵住持对庵堂楹联十分重视，每年总要差小尼请一才子撰联张贴，并付十两纹银以作润笔。这一年，清德庵改建一新，住持决意在门前刻下一副永久的对联，于是亲登才子书斋相议，要求根据庵前新开辟的大道和新庵巧夺天工的两扇大门撰联，并许诺奉上纹银一百两，才子应允。

住持回庵后差小尼送银，小尼路上思忖：“往年仅送十两，今年竟送一百两，定是住持错账。”于是便干起掩耳盗铃的勾当，从中克扣五十两中饱私囊。才子接了五十两银子令小尼明早来取联。翌日，小尼顺利把联取回，正忙于诵经的住持令其鸣炮贴联，并请来四方僧徒观光，意在郑重其事。谁知对联贴后，令人费解，观者议论纷纷。住持闻知，亲临观看，只见左联写着“一道直直”，右联是“两扇开开”。

住持观后满脸乌云，围观人越来越多，评说对联有辱清德庵雅气，住持若芒针在背，遂唤小尼问清个中缘由，小尼见马脚已露，便和盘托出偷银丑事。住持责令小尼上门赔罪，并请来才子改联。才子来到庵前，拂袖挥毫，在左联添上“西天路”，右联加上“佛地门”，原来让人费解的楹联即成了“一道直直西天路，两扇开开佛地门”的巧联妙对来。观者无不翘指叫绝。

何绍基是清代著名的书法家，多才多艺，名声远播，求他题字的人很多。一次，东岳庙一位高僧圆寂，住持请他写副挽联，何绍基铺纸研墨，酝酿片刻，挥笔而就：东岳庙死个和尚。

住持一看，面色微变。只见何绍基继续写道：西竺国添位如来。

住持点头称赞。

【语文之趣】　有一贪官，为表其清白，于衙门书联：爱民如子，执法如山。夜里，有人在其联下续上二行：爱民如子，金子银子皆吾子也；执法如山，钱山靠山其为山乎。众人看了，无不发笑。

有一财主，父子花钱各捐了一个进士，心中十分得意。大年三十，在门前贴了一副对联，以示庆贺。联曰：父进士，子进士，父子同进士；妻夫人，媳夫人，妻媳皆夫人。才子王某读罢，在对联上寥添数笔，其联顿成：父进土，子进土，父子同进土；妻失夫，媳失夫，妻媳皆失夫。财主见了很羞怒，只得把对联撕去。

【勤学好思】 话说汪精卫，自叛国投敌以后，当上了日本的傀儡。1941年旧历除夕，他在家门口贴上一副对联，以效古代帝王与民同乐的风度，还无耻地以孙中山先生的信徒自诩，对联如下："立民族民权民生之宏愿，开为党为国为民之大业。"半夜里有人在几个字旁略添了几笔，次日清晨汪贼门口挤满了人，无不拍手称快。汪精卫得报后，大惊失色，驱散围观群众，令卫兵将对联揭去。你知道是如何添的吗？

摹声拟态对好联

根据《锄经书舍零墨》中记载，以前有个名叫朱亦髫的人，才高出众，博学敏捷，酷爱吟诗作对。

一日，有位客人慕名来访，二人谈得十分投机，朱亦髫一时兴起，便邀客人到户外游览对句。客人见主人如此豪爽，就欣然答应了。

两人来到一座山前，见有几个山童正在采栗，情景可爱。客人便灵机一动，出了一上联，以试探朱亦髫的才学。那上联是：

山童采栗用筐承劈栗扑篚

朱亦髫一听，这上联虽无特别之处，但句中却用了拟声摹态的手法。一时竟无从可对，两人继续前行。走了不远，便见一个老农正在卖菱，刚好将一担菱倒入买主的担子中，发出悦耳的声音。朱亦髫一听大喜，马上对出了下联：

野老卖菱将担倒倾菱空笼

据古书上记载，相似的对联以前早就有，朱亦髫及其友人只是根据前人的对联，有所发展而对了句。古书上的对联是：猢狲上栗树吃栗壳落，螃蟹入菱巢擒菱钳连。

上面的故事是以联摹声，下面讲述的是妙联拟态。

相传，宋代名相王安石趁公务之闲到一处风景名胜游览观光，恰好看见一棵挺拔的棕榈树在轻风的吹拂下，像数不清的佛手一样摇摆不停，再看那树叶，像一把把轻罗小扇。他文思泉涌，随即吟出了一句上联：

风摆棕榈千佛手摇折叠扇

王安石自觉此联甚是有趣，然而细加品味之下，一时竟想不出与上联相配的状物拟态的佳句，冥思苦想多时，始终无法得句。

一转眼到了冬天，这日，王安石正在乡间荷塘边散步，看见塘中荷叶早已被冬霜冻得枯萎不堪，片片垂落，唯有枯茎还苦苦支撑着，灵感忽至，他当即吟出了下联：

霜凋荷叶独足鬼戴逍遥帽

下联以十分形象的手法描写了荷塘冬景，令人拍案叫绝。

【举一反三】 摹声拟态之联贵在形象生动，逼真有趣。而提及对联的生动有趣，叠字联也通常以其生动形象令人叫绝。

西湖中山公园一亭联：

水水山山，处处明明秀秀；

晴晴雨雨，时时好好奇奇。

杭州九溪十八涧有一联：

重重叠叠山，曲曲环环路；

叮叮咚咚泉，高高下下树。

西湖花神庙的叠字联写得也相当好：

翠翠红红处处莺莺燕燕，

风风雨雨年年暮暮朝朝。

济南趵突泉的叠字联就有所变化了，显得更加飘逸隽永：

佛脚清泉，飘飘飘飘飘下两条玉带；

源头活水，冒冒冒冒冒出一串珍珠。

怡人美景，跃然纸上，形象而有趣。

浙江奉化休休亭的一副对联："行行行行行且止，坐坐坐坐坐何妨。"仿佛亭子化人在劝说行人小憩片刻，富含人情味，颇有意趣。

【勤学好思】 青山原不老为雪白头，绿水本无忧因风皱面。

此联以拟人的手法赋予青山绿水人的特征，类似之联，你还见过吗？

才子应景出佳对

刘克庄，别号后村居士，南宋后期著名才子，豪放派三大词人之一。他以现实主义的手法，以诗词针砭时政，风格豪放雄健。然而，他同时也酷爱作对写联，留下不少佳对。

一天，刘克庄与友人郊游至山间丛林中，兴致勃勃，评古论今，激扬文字。丛林不远处，有一座寺庙。寺院的钟声洪亮浑厚，响彻幽谷，缭绕林间，余音袅袅，不绝于耳，使人根本分不清何为钟声，何为回音。于是好友诗兴大发，出口得一上联：

静中静静静有声

刘克庄听了好友的上联，竟一时对不出下联。因为这上联中有四个“静”字，而且从联意上讲，余味幽远。

随着时间的过去，钟声已过，那缭绕的回音也随之消逝，山间又恢复了原来的宁静。刘克庄听到这里，忽然来了灵感，便对道：

声连声声声入静

这绝妙的下联，也用了四个“声”字，以“声”对“静”，一动一静，意义相关，且还押韵，极为工整，令人叫绝。

【文海拾贝】 从古至今，文人墨客吟诗作对，离不开突发的灵感环境的变化，时常成就佳联。

清代才子吴白亭，为人聪慧，学识渊博，在雍正年间，曾官拜太史。一年的元宵节，吴白亭与官场好友一起饮酒庆佳节。大家酒意正浓时，忽然天空乌云密布，雾迷四周，眼看大雨将至，就在这时，一个文官随口吟了一句上联：上元不见月，点几盏灯为乾坤增色。

当时，在场的官员都思索着对句，一时沉默无语，半晌无人应答。就在此时，远处几声鼓声传来，浑厚有力。吴白亭闻声大喜，即得下联应对：惊蛰未闻雷，击数声鼓代天地宣威。

此联一出，众人交口称赞，频频举杯叹吴白亭急中生智，妙得佳句。

【勤学好思】 旧时一孩童在私塾中与先生对句，先生说：“月圆。”小孩一时想不起，忽然门缝挤进一丝凉风，孩子眼珠一转，对曰：“风扁。”先生大笑。

你知道此对的趣味吗？

佳对结缘得佳人

传说山东有一张姓才子，文才飞扬，学识渊博。当地一大户人家小姐才貌双全，誓要嫁一位才华出众的郎君，家中拗她不过，只得顺从她以对招亲。小姐自出上联，能对上者即招为婿。张秀才亦听说过小姐之名，也随众欣然前往，第一联：孔子佳道诸贤，曾子，子思，孟子，众弟子听论语。张秀才大笔一挥对曰：周室开墓列圣，太王，王季，文王，数仁王继霸业。小姐又出了第二联：收二川，排八阵，六出七擒，五丈原前，点四十九盏明灯，一心只为酬三顾。

上联巧含数字，联意通畅，十分难对，张秀才凭借自己的学识，苦思良久，对出了下联。下联也同样概括了孔明的一生事迹，而且行文也很通顺，在构思的精巧上，还比上联更胜一筹。这下联是：取西蜀，空南蛮，东和北拒，中军帐里，变金木土草爻卦，水面偏能用火攻。

以五行对数字，工整巧妙，小姐十分满意，但为了再考考他，又出了最后一联：望江楼，望江流，望江楼上望江流，江楼千古，江流千古。

张秀才思忖许久，无以应对，只好黯然而回。到了晚上，他在院中纳凉，见一轮明月倒映井中，忽然有了灵感，他跑入小姐府上，对出了下联：映月井，映月影，映月井中映月影，月井万年，月影万年。

佳对已成，佳缘亦成。

【引经据典】 《笠翁对韵》选摘：

荣对辱，喜对忧。缱绻对绸缪。吴娃对越女，野马对沙鸥。茶解渴，酒消愁。白眼对苍头。马迁修史记，孔子作春秋。莘野耕夫闲举耜，渭滨渔父晚垂钩。龙马游河，羲帝因图而画卦；神龟出洛，禹王取法以明畴。

冠对履，舄对裘。院小对庭幽。画墙对漆地，错智对良筹。孤嶂耸，大江流。芳泽对园丘。花潭来越唱，柳屿起吴讴。莺懒燕忙三月雨，蛩摧蝉退一天秋。钟子听琴，荒径入林山寂寂；谪仙捉月，洪涛接岸水悠悠。

鱼对鸟，鹊对鸠。翠馆对红楼。七贤对三友，爱月对悲秋。虎类狗，蚁如牛。列辟对诸侯。陈唱临春乐，隋歌清夜游。空中事业麒麟阁，地下文章鹦鹉洲。旷野平原，猎士马蹄轻似箭；斜风细雨，牧童牛背稳如舟。

【勤学好思】 奇对（ ）只对（ ）大海对（ ）

泉对（ ）干对（ ）山亭对（ ）

争对（ ）望对（ ）瑞草对（ ）

晚霞明似锦，春雨细如（ ）

互对妙联助游兴

黄庭坚是与苏东坡同时代的文学家，也是苏东坡的至交。二人经常在一起谈诗论赋，借酒兴诗。黄庭坚同苏东坡一样，也作得一手好联。

相传有一天，二人一起到江洲游玩，有些困乏，便来到一个叫烟水亭的凉亭中休息。亭中另一名游客也在休息，并抽着水烟。面对此情此状，苏轼便得一上联：

烟水亭，吸水烟，烟从水起

黄庭坚向四周望了一望，看见亭侧恰好有一口井，名叫“风浪井”，当即对道：

风浪井，搏浪风，风自浪兴

后二人又来到思贤桥，倚桥而望，引出对古人的无限思念和敬仰，诗兴大发。黄庭坚吟咏道：

思贤桥，桥上思贤，德高刺史名留古

苏东坡听了，思忖良久，作下联：

琵琶亭，亭下琵琶，情多司马泪沾襟

随后二人又来到梳妆楼上，登楼危坐，香茗缭绕，想起“梳妆楼”的典故，感慨顿生，苏东坡便得一联：梳妆楼头，痴眼依依，痴情依依，有心取媚君子君不恋。

黄庭坚沉思了一会儿，便答道：延支山上，落木萧萧，落花萧萧，无缘有识春风春难留。

苏轼听了，也不觉抚掌称妙。

【文海拾贝】　有一年，贵州才子、钦点状元周起渭奉命到浙江任主考官。杭州的考生素来自负，想试探周起渭的才学，因此周起渭一到杭州，当地的考生就把他围住，借欢迎宗师的名义送一句上联来为难这位主考官。一名考生朗声说：洞庭八百里波滔滔浪滚滚宗师由何而来。

周起渭一听，便知考生之意，当即镇定下来，沉思片刻，朗然对出：巫山十二峰云重重雾霭霭本院从天而降。

那些考生见下句果然对得妙，便不敢造次了。

【勤学好思】　自古以来，中华大地，各省文人常常相轻，以本地所出之名人圣贤为荣，以显示其人杰地灵。下面这副对联出自两省文人，你能猜出各是哪省之作吗？

泰岱三观孔子圣孟子贤自古文章传东鲁，

黄河九曲文王漠武王烈而今道德在西秦。

一问一答显深意

问答对联，一唱一和，结构严密，呼应自然，细细读来，问答间别有深意。

旧时有家戏台悬挂一副对联：“穷的富的，贵的贱的，睁睁眼看他怎的？歌斯舞斯，哭斯笑斯，点点头原来如斯。”问答中勾勒出梨园戏子的喜怒哀乐。

还有一家财神庙写的对联也十分有趣：“只有几文钱，你也求，他也求，给谁是好？不做半点事，朝来拜，夜来拜，使我为难。”一针见血地揭露了那些财迷心窍者的丑恶面目。

问答对联若用在景物之中则更加有情趣。杭州西湖湖畔灵隐寺飞来峰冷泉亭上有一副对联：“泉自几时冷起？峰从何处飞来？”江西省石钏山坡仙楼有一副对联：“岭上梅子熟未？座中木樨香乎？”这两联同上述两联不同之处，就是上下两联都是问，答案由个人找寻，耐人寻味。

【异曲同工】　1949 年的 4 月 1 日，南京高校学生举行了轰轰烈烈的反饥饿、反迫害、反内战大游行。这一革命行动引起了国民党政府的高度恐慌，连忙派了大量的国民党特务、军警进行血腥镇压，制造了震惊全国的“四·一”惨案。

南京高校的师生为死难的学生举行了追悼会，会上花圈遍地，哀悼学生、痛斥政府的挽联布满会场。其中有一副古今以来最奇特的挽联：

??????

!!!!!!

上联是依次的六个问号，而下联对的是六个感叹号。联中上联的问号代表了向国民党政府千万个责问，下联则表明对国民党反动政府的种种罪行的谴责和控诉，以标点符号的问答方式表达心中无法言说的激愤，可谓古今第一妙绝之联。

【勤学好思】 我国清末的国学大师俞樾曾携家人到飞来峰冷泉亭游玩，见到“泉自几时冷起，峰从何处飞来”的对联，细读回味悠长，俞樾随口答曰：“泉自有时冷起，峰从无处飞来。”俞夫人细想片刻笑曰：“泉自冷时冷起，峰从飞处飞来。”俞樾点头称是。他的女儿又答：“泉自禹时冷起，峰从项处飞来。”此对自是更有意味，别有深蕴，你能说出其中的典故缘由吗？

理发店前贴妙联

清代著名文人董邦达，初来京城之时，无处投靠，十分潦倒，迫于生计，只得寄身破庙，卖文为生。他曾为一家理发店写过一副对联：

相逢尽是弹冠客，
此去应无搔首人。

一位十分爱才的朝廷权臣来此理发修面，无意中看到这副对联，十分赞叹，在店主的引见下见到了落魄的董邦达。在这位权臣的大力举荐之下，董邦达入朝为官，自此平步青云。

还有一家理发店的对联也十分有趣，一语双关：“操天下头等大事，做人间顶上功夫。”

太平天国时期，太平军中有个叫李文彩的将领，参军前是个理发店的师傅，为了联络四方豪杰，重操旧业以作掩护。开业当天，太平天国最初领导人之一的冯云山为他写了一副对联：

磨砺以须，天下有头皆可剃；
及锋而试，世间妙手等闲看。

对联一贴出，众人称赞不已。而太平天国另一将领石达开见了却说："对联写得不错，但词义闪烁不定，有一种头重脚轻的感觉。"遂提笔改为：磨砺以须，问天下头颅几许？及锋而试，看老夫手段如何。

果然大气磅礴，豪气万千，气势非凡。

随着反清运动的不断高涨，各地义军革命风起云涌，如火如荼。有家理发店门前贴出一副更加气势非凡、正气凛然的对联：

握一双拳，打尽天下英雄，谁敢还手？
持三寸铁，削平大清世界，无不低头！

【异曲同工】　民国初年，京城开了一家店铺，铺面不大，但一间门面分隔为两半，左边卖茶，右边沽酒。人们见此不伦不类，都不去光顾，生意很是萧条。店铺老板为人十分精明，深知处世艰辛，生活艰难，他请人写了一副对联贴在门面两边。那对联写的是：

为名忙，为利忙，忙里偷闲，且喝一杯茶去；
劳心苦，劳力苦，苦中作乐，再倒二两酒来。

联句新奇妥帖，有雅有俗，十分诙谐，意趣盎然。人们都赞不绝口，广为传颂，一传十，十传百，不仅许多文人慕名光顾，连跑生意、走江湖的人也来饮酒喝茶，店铺的生意日益兴旺起来。

还有家店铺的一副对联也十分有趣。店铺由兄弟二人所开，一人卖伞，一人沽酒，联曰："问生意如何，打得开，收得拢；看世情怎样，醒的少，醉的多。"

【勤学好思】　你知道下面几副对联都是写哪个行业吗？

只愿世间人无病，不惜架上药生尘。
听凭拣瘦挑肥做到无争无悔，绝不短斤缺两保证又正又公。
寻寻觅觅韶华转眼飞逝，犹犹豫豫知音再度难逢。

消息瞬通九万里外，往来不过是须臾间。

人名巧嵌对联中

相传明代文学家李梦阳，就任江西督学时，地方秀才都捧名帖来拜会。他发现一个秀才的名字竟与自己相同，而又不知避讳，有些气恼，便当众出一上联，要那秀才对出下联来。这上联出得刁钻古怪：

蔺相如，司马相如，名相如实不相如。

上联中嵌进两个人名：战国时赵国丞相蔺相如与西汉著名辞赋家司马相如，而后又巧妙地表达普通含义，旁敲侧击。谁知这秀才并不示弱，马上对出了下联：

魏无忌，长孙无忌，彼无忌此亦无忌。

他用同样的手法，把名字相同的战国魏公子信陵君和唐初宰相长孙无忌嵌入下联，并一语双关希望李梦阳不要在同名这类小事上有所忌讳，对答巧妙，连李梦阳也不由赞叹。

关于人名，还有一副妙联。清末一位名士同妻子在窗前叙话，夜色朦胧，银光摇曳，月色十分动人。突然，妻子指着纱窗说出一联：月照纱窗个个孔明诸葛亮。

上联既写纱窗，又嵌入三国蜀相诸葛亮之名，十分巧妙，这位名士自视才高八斗、学富五车却苦思不得其解。后来，上联流传于民间，到了近代，有人对一绝妙下联：风送幽香郁郁畹花梅兰芳。真是一番锦绣心肠，让人叹为观止。

还有人将现代作家和画家的名字嵌成一联，以画坛之石对文苑之“山”，别有一番意趣：齐白石，傅抱石，老石少石，两石画坛同突兀；许地山，欧阳山，前山后山，两山文苑互峥嵘。

【异曲同工】 左宗棠是在曾国藩的大力举荐之下得以入仕为官的，曾与曾国藩一同镇压过太平天国运动等农民起义。然而，左宗棠主张发展洋务，抵御外侮，政见上与曾国藩多有不合。曾国藩在左宗棠准备出兵新疆、抵制英俄之时曾写下一联讥讽道：季子自称高仕不在朝隐不在山与吾所见辄相左。

上联嵌入了左宗棠的字号，对左宗棠表面上敬仰，而暗含嘲弄之意。左宗棠看了十分气愤，提笔写出下联。针锋以对：藩臣当卫国进不能战败不能守问伊经济有何曾。下联对曾国藩卑躬屈膝的卖国求荣行径予以质问，联中也嵌入了曾国藩的字号。随后，左宗棠仍义无反顾，挥军北上，歼灭了侵略军，还收复了俄国统治下的伊犁失地。

【勤学好思】　清嘉庆年间的新科状元李绍仿在嘉庆皇帝生日之际上呈一副对联，皇帝龙颜大悦。虽然这副对联难免有阿谀奉承之意，但因其嵌字巧妙仍不失为一副绝对。对联如下：

顺泰康宁，雍然乾德嘉千古；
治平熙世，正是隆恩庆万年。

你能说出其中的妙处吗?

用对联巧化干戈

诸葛亮是三国历史上的著名人物，为西南地区的开发作出了不可磨灭的贡献。今天的河南省南阳有个卧龙岗，传说是诸葛亮当年隐居的地方，当地人为了纪念他，还建有一座武侯祠。然而在湖北的襄阳也有个卧龙岗。到底哪个才是诸葛亮真正种田、生活过的地方呢？历史上颇有争议。南阳人说，诸葛亮在《出师表》中曾自述“臣躬耕于南阳”，故卧龙岗应在河南南阳。湖北人说，刘备、孔明隆中对策，点评天下，真正的卧龙岗应该在襄阳。双方争执已久，一直没有明确的结果。

到了清代咸丰年间，湖北襄阳人顾嘉蘅来到河南南阳做知府，顾知府学识渊博，是当时有名的学者。于是，当地人请他来指明哪里是真正的卧龙岗。顾嘉蘅进退两难，一方是他的家乡，一方是他的辖地，双方各执一词，得罪哪一方都会带来麻烦，但又不得不表态。

然而如此两难的局面竟被一副巧妙的对联轻松化解。顾嘉蘅为河南南阳的武侯祠题写了一副对联：

心在朝廷，原无论先主后主；
名高天下，何必辨襄阳南阳。

他语重心长地解释说："孔明为了汉家王朝，无论对先主刘备还是对后主刘禅，都殚精竭虑，鞠躬尽瘁，死而后已，其功满天下，而非一地之英。"众人见了对联，又听了顾嘉蘅的解释都觉得十分有理，从此再也不去辨识谁是谁非、追根溯源了。

一副妙联顾全了两地人的情感，化干戈于无形之中，可见其文字之功。

【举一反三】 将地名直接嵌入上下联中，使之互成对偶的嵌名联，立意新颖，一直为文人所爱。有时地名可以作为普通词语，改变原有名词的单一含义，充当动词或形容词，体现新的意蕴。据传，纪晓岚陪皇帝夜读。忽然，乾隆问纪晓岚附近有哪些县？当时北京有密云、三河、玉田、丰润、怀柔、遵化、顺义、良乡等八个县。纪晓岚笑了笑，挥笔写了一副对联：

密云不雨旱三河虽玉田亦难丰润，
怀柔有道皆遵化知顺义便是良乡。

这副对联，巧妙嵌入八个县名，亦含有治国之道。乾隆看后，称赞不绝。

【勤学好思】 抗日战争胜利后，有人写了这样一副对联：

中国捷克日本，
南京重庆成都。

上联三国名，下联三城市，你能解释出这副对联的意义吗？

东林书院名联悬案

说起东林书院，尚未踏访过的人不一定知晓，但院中的一副对联却是闻名天下，这便是："风声雨声读书声，声声入耳；家事国事天下事，事事关心。"此联传为顾宪成所撰，顾死后，这副对联被后人刻写，挂在惠山寄畅园旁顾氏祠堂里，后毁坏无存。1960 年，邓拓来无锡参观东林书院时见到这副对联，印象深刻，回京有感而发，写了篇《事事关心》的文章，收入《燕山夜话（合集）》中，提倡既要认真读书，又要关心国家大事，于是此联一时名扬天下。然而，就是这副对联，却有着一段至今尚未破解的"悬案"。此联一直流传着两个版本，一是现在的版本，另一版本是把"事事关心"换成"事事在心"。20 世纪 20 年代出版的《无锡大观》中，记载此联为"事事在心"；

而30年代出版的《无锡指南》中有两处谈及此联，一处是“在心”，一处是“关心”。近一个世纪以来，这两个版本孰是孰非，众说纷纭。

史学专家王赓唐先生认为，“在心”与“关心”在感情色彩上有轻重之分，“在”字本义是“居”和“存”；“关”字是指牵连或涉及，程度各异。“入耳”与“在心”都是动宾结合的词组，而“关心”则是词语，不甚相称。对于顾宪成等东林党人而言，他们心怀天下，忧国忧民，可谓家事国事天下事，事事铭刻在心，应绝非仅仅关心而已。

【文海拾贝】　1924年，印度文学家泰戈尔来中国访问。在北京时，徐志摩作为接待者之一，陪同泰戈尔专程去宣武门的法源寺欣赏丁香花，二人被美丽的丁香花所吸引，竟然在树下作了一夜的诗。此事被传为文坛佳话，徐志摩的老师梁启超得知，心中十分高兴，用巨幅宣纸写成一副对联，送给徐志摩。这副对联是集宋人佳句而成，词义隽永飘逸，对仗工整。据梁启超说，那是自己一生中作得最好的对联。那对联写的是：临流可奈清癯，第四桥边，呼棹过环碧；此意平生飞动，海棠影下，吹笛到天明。徐志摩更是格外珍视这副赠联，如获至宝。后来，这副对联为其妻陆小曼所得并珍藏。现在收藏在浙江省博物馆。

【勤学好思】　春节之时，家家户户都要张贴对联，对联又叫什么你知道吗？有一句著名的诗，有关春联的别名，你还记得吗？

第五章　绘声绘色传俗谚

趣读本章

俗语由历代群众口口相传、汇集而来。通俗流畅，多为口语，语句长短不一，变通灵活。中国的俗语俚谚，丰富多彩，言简意赅，题材广泛，思想活泼，有的诙谐幽默，有的含蓄隽永。俗语的含义与成语有时也互有交错，许多俗语中都蕴含了寓意深刻的哲理。历代流传至今的俗语为现代汉语提供了丰富、生动的语言材料。

本章中选取了部分民间广为流传的俗语，以趣味的故事讲述了俗语的来历。或许有些故事是杜撰而来，但可以让人更形象地了解该俗语的寓意。俗语故事后面的歇后语是对民间俗谚的拓展集成，读来让人忍俊不禁。

替罪羊

相传，上帝为了考验亚伯拉罕是否对自己忠贞不二，对他说："带上你的儿子以撒到山上去，然后把他杀死，在火上烧熟了献给我吃。"

亚伯拉罕带上儿子和柴禾上山去了，他一声不响地架好木柴，然后将自己的独生子以撒绑了起来，置于柴堆上。当他举起刀来要杀以撒时，忽然听见上帝在呼叫："放下手中的刀吧！我知道你是忠实于我的。"

听见了上帝的呼唤，亚伯拉罕给以撒松了绑。可是拿什么给上帝吃呢？亚伯拉罕往四下里一看，不禁喜上心来，只见一只公羊，双角被茂密的树枝缠住了。亚伯拉罕就把那只公羊捉住，杀死烤熟了献给上帝。这只羊替以撒去死，上帝的信徒们就称它是"替罪羊"。

基督教传入中国后，"替罪羊"这个词也随之传入。由于中国人一向把羊看成是温顺老实的动物，认为羊最没有反抗能力，"替罪羊"这个词也就被认可，并很快流行开来。

【语文之趣】 热锅上的蚂蚁——团团转

肉包子打狗——有去无回

十五只吊桶打水——七上八下

司马昭之心——路人皆知

宋江的军师——吴（无）用

【勤学好思】 山涧里走船——__________。

山坡上烤火——__________。

上朝不带奏折——__________。

东道主

春秋时期，有一次，晋国和秦国的联军包围了郑国。大军压境，郑国国君郑文公急得不知所措。这时，其手下一个叫佚之狐的人献计说："晋国国君重耳攻打郑国是为报一箭之仇，是依仗着秦国的威力。如果派人说服秦国收兵，晋国自然也就退兵了。"郑文公认为他说得极有道理，就派了能言善辩的烛之武去说服秦国退兵。

当天夜里，烛之武偷偷地用绳子从城上坠下去逃出围困，悄悄地来到秦国。他见到秦穆公便问："秦晋两国军队包围了郑国，郑国危在旦夕。可是，郑国灭亡了对秦国又有什么好处呢？从地理位置上看，郑国在晋国的东边，秦国在晋国的西边，秦郑之间隔着晋国。郑国即使被打败了，其土地也只能被晋国占领，秦国捞不着任何好处。您细想，秦国替别国打仗，为人家争得领土，自己得不着好处还削弱了力量，这是何苦呢？您要三思而后行啊！"一番话说得秦穆公心事重重。烛之武又进一步说："如果留下郑国，让它作为'东道主'（东方路上的主人），秦国的使者往来东方，也有个落脚之地，让他供应秦使缺乏的东西，还能借其限制晋国的扩张，对秦国来说不是有百利而无一害吗？"秦穆公被说动了，同意与郑国结盟，撤回了围郑的大军。果然，秦国一撤军，晋国也就跟着撤军了。

从此之后，应邀的宾客便以"东道主"来称呼主人。

【语文之趣】　打柴的下山——担薪（心）

打着灯笼过铁道——见轨（鬼）

大头针包饺子——露馅了

大衣柜没把手——抠门

电线杆子插鸡毛——好大的掸（胆）子

【勤学好思】　比干丞相——__________。

裁缝拿线——__________。

长坂坡上的赵子龙——__________。

敲竹杠

相传，清朝道光年间，以林则徐为首掀起了禁烟运动，在沿海海关各个港口都派重兵把守，仔细盘查，严禁鸦片运入。

这一日，一个码头上停下一条船，有一个扛着毛竹的人上了船，只几根毛竹就累得他气喘吁吁、大汗淋漓，他上了船就坐在毛竹上歇息。这时，船上上来个乡下老汉，也一屁股坐在那人的毛竹上，抽起了旱烟。

那人正要说话，只见几个查烟官兵上了船，他们各处检查，看是否有人私运鸦片。这时，乡下老汉吸完了一袋旱烟，把烟锅在毛竹上敲了几下。扛毛竹的人脸一下变得煞白，慌忙从怀中掏出一把钱，塞给老汉，老汉一脸茫然。

原来，那人扛的毛竹里装的都是鸦片烟土，他见老汉敲他的毛竹，以为老汉看出了破绽，为了不让老汉揭穿，他赶紧塞钱。其实老汉根本一无所知，是他心虚，白白损失了一笔钱。如今，人们把某些无理向别人索取钱财的行为，称为“敲竹杠”。

【语文之趣】 孙悟空大闹天宫——慌了神

头上点灯——高明

秃头上的虱子——明摆着

兔子拉车——连蹦带跳

兔子尾巴——长不了

【勤学好思】 师字少一横——__________。

石缝里塞棉花——__________。

司机罢工——__________。

走后门

宋徽宗赵佶是个施政无能、贪图享乐的皇帝。

一日，赵佶听说汴京城里的花魁李师师能歌善舞，琴棋书画无一不精，便微服出宫幽会李师师，二人如胶似漆、浓情蜜意。为了能经常与李师师幽会，而又不被人发现，赵佶就命人在皇宫里修了一条暗道，一直通到李师师住处的后门，以便与李师师相会。

梁山一百零八将后来投降朝廷，就是利用了李师师的后门，打通关节，接受招安的。

这大概也是历史上第一次有凭有据的“开后门”。现在人们把通过熟人找关系办事统称为“走后门”。

【语文之趣】 外甥打灯笼——照舅（旧）

蚊子打呵欠——好大的口气

膝盖上钉掌——离蹄（题）不远

小葱拌豆腐——一青（清）二白

秀才遇到兵——有理说不清

【勤学好思】 孙悟空看桃园——__________。

头发上贴膏药——__________。

八仙过海——__________。

快刀斩乱麻

东魏时期，宰相高欢膝下多子。为了考察几个儿子的聪明才智，便找了些乱麻，每个儿子一把，要他们把它理顺，而且比赛看谁理得快。别的孩子老老实实地一根根地抽，一根根地理，速度缓慢，还越理越乱，孩子们急得满头大汗。只有他的小儿子高洋脑子转得快，找了一把快刀，噌、噌、噌几刀就把死死纠缠在一起的乱麻斩断了，而且很快就理好了。

高欢见了很高兴，便问高洋，为什么想到这种办法？高洋朗声答道："乱者必斩！"高欢对他的回答十分赞许，认为这个儿子长大后肯定会有一番作为。果然，高洋长大后做了北齐的帝王，即文宣帝。

后来，人们就用"快刀斩乱麻"来形容处理问题坚决果断、干脆利落。

【语文之趣】　水仙不开花——装蒜

宰相肚里能撑船——宽宏大量

蚂蚁戴眼镜——没有那么大脸面

给你麦芒——岂当针（真）

驼子坏了腿——卑躬屈膝

【勤学好思】　打伞披雨衣——__________。

穿衣戴帽——__________。

冰糖煮黄连——__________。

无巧不成书

相传，施耐庵创作《水浒传》之时，写到武松打虎一节，总是无法成文，因为他从未见过打虎，只凭空猜测不知道怎样描绘打虎的场面。

正当冥思苦想之际，忽听门外一阵吵闹，他放下手中的笔，信步来到门口。

见有不少人正在看热闹，施耐庵拨开众人，上前一看，原来是邻居阿巧，因为喝醉了酒，不知怎么与一条大黄狗发生了冲突，人狗混战，难分胜负。

施耐庵正要上前喝住阿巧，转念一想，武松打虎不也是酒醉之后吗？且看看酒醉的阿巧如何对付这条大狗，也许能有点启发。想到这里，便在一旁观察着阿巧和狗的一举一动。

只见阿巧衣襟敞开，抡圆拳头朝狗头打去，黄狗轻轻一闪，回头又向阿巧扑来。阿巧怒不可遏，一把抓住狗脚，飞身跨在狗的身上，举起拳头在狗头上来了三拳。大黄狗瘫趴在地，毫无气力了。

回到家里，施耐庵就在脑海中慢慢回放刚才的一幕，以阿巧打狗为参照，写成了武松打虎，写完之后，满意地叹道："要是没有阿巧，我就写不成这本书喽。"

此后，"无巧不成书"这句话便流传开来。意思是说，由于意料之外的事或巧合而使事情富有戏剧性。

【语文之趣】 刘备招亲——弄假成真

刘姥姥进大观园——看得出神

捋着胡子过河——谦虚过度

盲人上街——目中无人

猫哭耗子——假慈悲

【勤学好思】 门缝里瞧人——__________。

米店卖盐——__________。

木偶唱戏——__________。

眼不见为净

从前，张秀才和王秀才打赌，什么东西最干净？王秀才说："水洗为最净。"张秀才争辩道："眼不见为最净。"两人争执不下，便用全部家产为赌注，请众人评判。评判结果还是"水洗为最净"。于是张秀才全部家产归王秀才所有，三天以后兑现。

张秀才回家后对妻子一说，妻子思量片刻说此事不难，如此这般交代一番，张秀才一听，心中大喜，马上准备操办。

上午，王秀才正准备去张秀才家接收财产，忽然有人来说张秀才中午请他和各位评判人吃饭。他心想：有众人评判，谅他也不敢反悔。于是邀了评判人，去张家赴宴。

众人正在喝酒，见张秀才的妻子提出一只便桶，在院里用水涮了几遍，又用热水烫过，拿进屋里。众人不解，但也不便去问。过了一会儿，张夫人端出香喷喷的米饭，请大家吃，众人夸赞米饭香甜。张夫人说："谁还添点？我去拿来。"众人一致说好。张夫人转身拿出便桶，桶内满满一桶白米饭。张夫人抱歉地说："今天人多，家里没有大桶，只好用便桶蒸饭。"众人一听，顿时作呕，纷纷指责张夫人缺德。张夫人辩道："便桶已经用水洗了数遍，诸位不都认为水洗最净吗？况且，刚才你们吃的饭，也是这便桶之米饭，诸位不都夸赞米饭好吃吗？"众人哑口无言，只得承认："眼不见为净。"

后此俗话流传开来，比喻只要没有看见或不在眼前，就不会为此操心烦恼。

【语文之趣】 蜜蜂的屁股——刺儿头

煤炭下水——一辈子洗不清

煤铺的掌柜——赚黑钱

眉毛胡子一把抓——主次不分

磨眼里推稀饭——装什么糊涂

【勤学好思】 暗室里穿针——＿＿＿＿＿。

挨了霜的狗尾巴草——＿＿＿＿＿。

庵堂里的木鱼——＿＿＿＿＿。

树倒猢狲散

南宋时期，大奸臣秦桧以"莫须有"的罪名，卑鄙而残忍地害死了抗金名将岳飞，遭到所有正直爱国者的痛恨与唾弃。

朝廷中有个名叫曹咏的侍郎官，依附秦桧，很受信任，所以名声显赫，势高权大。他的同乡们都来奉承他，想借他的权势谋个一官半职。可是，曹咏的妻兄厉德新偏偏不把他放在眼里，这使曹咏十分气恼。于是，他便暗中指使地方上的官吏，用各种办法对厉德新威逼胁迫。但是，厉德新铮铮傲骨，就是不肯低头。

后来，秦桧在人们的唾骂声中死去。靠秦桧而升官的狐群狗党纷纷垮台作鸟兽散，曹咏也不例外。这时，厉德新心中痛快，他立即修书一封，差人送给曹咏。曹咏打开一看，原来是一篇赋，题为《树倒猢狲散》。赋中嘲讽曹咏依附秦桧，就像依仗大树而横行霸道的一群猢狲，如今树倒了，树上的猢狲也四散逃奔。曹咏看完，气得七窍生烟，可又无可奈何。

这句俗话比喻以势力互相勾结的人，一旦势败，就会纷纷散去，各顾各的。

【语文之趣】 泥菩萨过江——自身难保

判官的女儿——鬼丫头

七窍通了六窍——一窍不通

骑驴看唱本——走着瞧

秋后的蚂蚱——蹦跶不了几天

【勤学好思】 鏊子上烙饼——__________。

芭蕉插在古树上——__________。

八股文的格式——__________。

真金不怕火炼

相传南北朝时，佛教开始传入中原，天竺国来了许多名僧传教，并大兴土木，建造寺院。曾有诗云："南朝四百八十寺，多少楼台烟雨中。"

道教见佛教发展如此之快，恐其蔓延开来影响道教发展，就纷纷起来反对，佛道一时争斗不休。两家的师祖决定要真正较量一番，分个高低。出家人都不愿意动武，恐伤及性命。最后决定，把两家的经卷放在火里烧，看谁家的烧不坏，谁就算胜。

到了约定的时间，双方各摆好火盆，将佛家《金刚经》和道家的《道德经》都扔了进去，两家的经书瞬时都烧成了灰。正在这时，《金刚经》突然变成了一座青底金字的石碑，上面刻着金光闪闪的经文。大家正在惊奇，只见《道德经》也变成了两丈多长的织锦长幅，白底黑字，十分夺目。双方难分高下，只好请魏宣武帝来裁决，魏宣武帝听了这件事说："真经不怕火炼，两家各传自家信徒吧！"

以后"真经不怕火炼"这句话就流传了下来，传来传去，"经"被传成了"金"。现在人们用这句话来形容货真价实的东西能经得住任何考验。

【语文之趣】 姜太公钓鱼——愿者上钩

口袋里装钉子——个个想出头

老虎驾辕——谁赶（敢）

老鼠过街——人人喊打

【勤学好思】 吕洞宾的手——__________。

轮船出国——__________。

麻子照镜子——__________。

解铃还须系铃人

相传古时候有一位性情豪爽、不拘小节的和尚，法号法一。其他和尚因为法一散漫、不专心苦修都瞧不起他，只有法一的师父法心禅师识其慧根，法心禅师对法一十分器重。

一日，法心禅师问弟子："系于老虎脖子上的金铃，谁人能解？"

和尚们听了，低头深思，无人能答。正在这时，法一从外面走了进来，法心禅师又把刚才的问题重复了一遍。法一不假思索，随口答道："谁能系上，谁就能解下。"

其他弟子听了，懊悔自己思虑不及，不得不佩服法一。法心禅师语重心长地说："法一颇具慧根啊！"

这句话告诉人们：谁惹出的事情，还是要由谁去解决。

【语文之趣】　徐庶进曹营——一言不发

哑巴吃黄连——有苦难言

哑巴吃饺子——心里有数

阎王爷贴告示——鬼话连篇

叶公好龙——口是心非

【勤学好思】　百尺竿头挂剪刀——__________。

案板上砍骨头——__________。

叫花子敲碗——__________。

今朝有酒今朝醉

唐代著名诗人罗隐先前并不叫罗隐，而叫罗横。

罗横年轻时就已博学多才、满腹经纶、工于诗赋。他希望以自己的才学出仕为官实现自己的抱负，却没想到一连十次科举都名落孙山，这使他苦恼万分。失望之余，他将自己的名字改成罗隐，打算就此隐居起来，不问世事，不求功名，并为此写了一首诗：

得即高歌失即休，

多愁多恨亦悠悠。
今朝有酒今朝醉，
明日愁来明日忧。

这首诗中“今朝有酒今朝醉”一句写得十分传神，真实生动地表达了他悲观、遁世、放纵自己的无奈心情。后来，人们就用这句诗来形容那些只顾眼前享乐、醉生梦死的人。

【语文之趣】 一根筷子吃藕——专挑眼
张飞穿针——大眼瞪小眼
芝麻开花——节节高
芝麻落进针眼里——巧极了
周瑜打黄盖——一个愿打，一个愿挨

【勤学好思】 不熟的葡萄——＿＿＿＿＿。
不听曲子听评书——＿＿＿＿＿。
不听使唤的套筒枪——＿＿＿＿＿。

竹篮打水一场空

很久很久以前，有个叫梁齐的人，他一心修行，想得道成仙。此事被八仙之一的蓝采和知道了，便来找他，告诉他如果真想成仙，就拿着花竹篮每日三次到河里提水。

梁齐心想，竹篮满身是孔，怎么能提起水呢？但仙家之言，一定不会错。就这样，日复一日，年复一年，整整十年过去了，渐渐地，篮子居然真能盛住些水了。

一次，梁齐又到河边提水，刚要离开之时，忽然听到喊救命的声音，只见一个小孩掉到了水里，眼看就要淹死了。梁齐想，我还是提水吧，快提快成仙，随即扭头就走，突然觉得手中一轻，只见满满一篮水全漏光了。蓝采和站在他面前，非常不悦地对他说：“你见死不救，没有善心，是成不了仙的，还是留在凡间吧。”说完拿起花竹篮就飘走了。原来，那个小孩是蓝采和变来考验梁齐的，他没经受住考验，白白提了十年水。

以后，人们就常用“竹篮打水一场空”来比喻计划落空或白花力气，一无所获。

【语文之趣】 和尚打伞——无法（发）无天

黄连树下弹琴——苦中作乐

黄鼠狼给鸡拜年——没安好心

火车拉汽笛——名（鸣）声挺大

捡芝麻丢西瓜——贪小失大

【勤学好思】 盲人给盲人带路——__________。

马上听戏——__________。

卖布不带尺——__________。

初生牛犊不怕虎

从前，有一个农民养了一群牛，每天都要到后山坡上去放牛。有一天，这个农民发现了一件怪事，牛群中有一头身强力壮的小牛，每天吃一会儿草就偷偷地向山坡后面走，每次都要很久才回来。如此这般，持续了多日。

又一天，小牛吃了草后又偷偷向山后走，这个农民就悄悄地跟在后面想一探究竟。只见小牛在一个山洞旁停了下来，向洞中“哞、哞”地叫个不停。不一会儿，洞中蹿出一只猛虎，向小牛扑来，小牛也不示弱，猛发力向猛虎冲过去。一时间打得尘土飞扬，难分难解。天色渐晚，老虎和小牛还不分胜负，老虎回了洞，小牛也回到了山坡。

农民看到这一幕深感惊奇，回家想了个办法。他在小牛的两只角上分别绑了一把尖刀。第二天放牛，小牛吃过草又像以往一样去跟老虎搏斗。没几个回合，老虎把小牛掀倒在地。小牛发怒了，站起来就向猛虎冲去。老虎来不及躲闪，惨叫一声倒在了血泊中。

后来人们知道了这件事，都非常感叹小牛的勇气，也就有了“初生牛犊不怕虎”这句俗话。

【语文之趣】 猪八戒照镜子——里外不是人

猪鼻子插葱——装象

锥子上抹油——又尖（奸）又滑

做一天和尚撞一天钟——得过且过

床上放枕头——置之脑后

【勤学好思】 八十老翁挑担子——__________。

八仙聚会——__________。

半个铜钱——__________。

半路杀出个程咬金

唐朝初年，唐太宗李世民御驾前有一位忠直不二、敢于劝谏的贤臣魏征，李世民十分赏识。一日早朝过后，文武百官逐一退去，李世民将魏征留下，对他说："爱卿为国事日夜操劳，对朕忠直明谏，朕一直觉得对你有些亏欠。朕听说魏夫人性情急躁。朕赐你几名才貌双全的女子为妾如何？"

魏征赶紧说："陛下之意，微臣心领了，只是我们夫妻情深，臣不想纳妾。"

谁料这时，程咬金正躲在大殿的柱子后面，把这番对话听得清清楚楚、明明白白。原来，刚才退朝时，程咬金听皇上让魏征留步，一时好奇就想偷听一下有什么事。现在一听有这等好事，魏征还百般推辞，再也忍不住了，就从柱后闪出，大声说道："陛下，俺魏大哥不要，你就把美女赐给俺吧！"

李世民转身一看，原来是天不怕、地不怕的程咬金，斥道："谁让你留下偷听我们的谈话的？"魏征也急忙制止："七弟，休得无礼，还不退下。"

程咬金理直气壮地对李世民说："魏大哥功劳是大，但俺的功劳也不小呀！为何陛下两样对待？"

李世民怒道："你斧劈老君堂，差点让朕丧命，朕不治你的罪，已是网开一面，居然还来邀功？"魏征在一旁好言相劝，将程咬金赶下殿去。

程咬金气急败坏，他立马赶到魏府，将李世民要赐给魏征美女的事一五一十地告诉了魏夫人。魏夫人脾气火爆，一听此言便冲出门去，便有了后来魏夫人私闯金殿、吃醋自杀的故事。

"半路杀出个程咬金"是说在谋划某件事情时，突然出现意外情况，使计划不能实现。

【语文之趣】 肥猪上案台——找死

坟地里赶集——闹鬼

坟头上耍大刀——吓死人

公鸡打架——全靠嘴

关云长做木匠——大刀阔斧

【勤学好思】 锄头刨黄连——__________。

半天云中拍巴掌——__________。

伯乐挥鞭——__________。

吃着碗里，看着锅里

明末清初，中原地区内忧外患，连年争战，饿殍遍野，民不聊生。

一个农民姓李名大，因庄稼颗粒无收流离失所。一家人一路乞讨来到京郊，搭了个简易窝棚，勉强居住度日。

有一天夜里，李大正熟睡，忽被一阵喧闹惊醒。起来一看，是军队在押运粮草经过此处。一辆辆马车满载着不知从哪里劫掠来的粮食运往京城。李大让妻子照顾好睡熟的孩子，自己溜出窝棚，拿着家什，蹲在路边。待运粮车过后，他借着月光，将路上散落的粮食扫拢，到天蒙蒙亮时竟捡了半口袋。

清早，李大让妻子熬粥给孩子们喝。这些天一家人没怎么吃过粮食，孩子们醒来见到粥，都高兴得手舞足蹈，一碗又一碗地喝开了。李大两口子看孩子们吃得香甜，十分欣慰，自己也想喝些，可又怕孩子们吃不饱，不知这一锅粥够不够喝。两口子一边慢慢啜着，一边看着锅里的粥还有多少。

“吃着碗里，看着锅里”后来被人们反其意而来责备那些贪得无厌的人。

【语文之趣】　坐轿子骂人——不识抬举

狗咬吕洞宾——不识好心人

大车拉煎饼——贪（摊）得多了

光手逮刺猬——下不了手

过河的卒子——死不回头

【勤学好思】　飞蛾扑火——__________。

沙滩上盖房——__________。

筛子装水——__________。

人心不足蛇吞相（象）

传说从前有个书生，见路边有条快要冻死的小蛇，便带回家将其暖活。开春后，书生将蛇放归山林，正要转身离开，忽听蛇张口说话：“多谢恩人救了我的性命，今年科考相公必定高中榜首。”

果然，书生赴京赶考中了状元，衣锦还乡。他来到放蛇之处跪倒在地，口中念念有词：“多谢蛇仙指引。”忽然，眼前出现一条大蟒，口吐人言对书生说："救命之恩，永世难忘。相公若想官居一品，可将我的眼珠拿去献给皇上，定可如愿。"书生一听，心中暗喜，但口中却道："万万不可如此行事。"蛇仙说："若不是相公救我，哪有我的今天？快拿去吧！"推辞再三，书生还是动手挖了蛇眼，原来竟是一枚硕大的夜明珠。

书生把夜明珠献给皇上，皇上大喜，马上封他为一品宰相。不久太后得病，久治不愈。皇上下诏："谁能治愈太后，便官封九千岁。"宰相心里一动：若找蛇仙帮忙，定能治愈太后，到时我就一人之下，万人之上了。

宰相又找到蛇仙，说明来意。蛇仙念他当初的救命之恩，便说："你进我腹中将我的玲珑心切出一寸拿去救治太后吧！"宰相大喜，从蛇口钻入蛇腹，当他要切时心念一转，若一寸不够岂不前功尽弃？干脆全部割下吧！他猛一动刀，蛇仙发觉了，见此人竟如此贪婪，遂将其困死于腹中。

【语文之趣】 麻雀搬家——唧唧喳喳

棉花换核桃——吃硬不吃软

棉花里藏针——柔中有刚

蒙上眼睛拉磨——瞎转悠

麻子不叫麻子——坑人

【勤学好思】 牛郎约织女——__________。

瘸子上讲台——__________。

三九天讲话——__________。

丈二和尚摸不着头脑

相传古时苏州要建一个罗汉堂，设计督建的是一个和尚。人们都不知道他的法号，见他身体高大，便管他叫"丈二和尚"。

丈二和尚的施工方式有点奇怪，施工中一没有图样，二不将施工计划告诉工匠，只是现场指挥工匠们干这干那。他不仅指挥，还亲自动手，让工人跟随着他，忽而往左，忽而往右，忽而东拐，忽而西转，工匠们稀里糊涂，晕头转向，不知所措。因此，工匠们都议论说，摸不着丈二和尚的头脑。

就这样，他们稀里糊涂地干了好些日子，待工程完成以后，"八卦"罗汉堂造型美观，布局合理，玲珑剔透，众人都赞叹不已，无不佩服丈二和尚的技术精湛和本领高强。"丈二和尚摸不着头脑"这话就传开了。

后来，人们常用"丈二和尚摸不着头脑"来形容一时弄不清事情的原委和底细。

【语文之趣】　老鼠碰见猫——难逃

老鼠钻进书箱里——咬文嚼字

林黛玉进贾府——谨小慎微

刘备借荆州——有借无还

刘备摔阿斗——收买人心

【勤学好思】　卖水的看大河——＿＿＿＿＿。

不蒸馒头——＿＿＿＿＿。

毛笔没头——＿＿＿＿＿。

葫芦里装（卖）的什么药

民间传说有八洞神仙，八仙为首的是“铁拐李”。他是个跛脚，走起路来一瘸一拐，拄根铁杖，“铁拐李”由此得名。他衣衫褴褛，身背着葫芦，云游四方，打抱不平，济世救人。据说他的葫芦里盛的都是仙丹灵药。灵药能治百病甚至起死回生，还可延年益寿、返老还童。

有位爱好收藏古玩字画之人，收藏的古画中有一幅铁拐李的画像栩栩如生。这位收藏家请了一个文人为这幅画像题诗，那文人看了看画像，提笔写道：

葫芦内装什么药？背来背去劳肩膊。
个中如果有仙丹，何不先医自己脚？

显然，此人对传说中铁拐李起死回生的仙术颇有微词。

后来，人们就用“葫芦里装的什么药”来比喻不知道搞的什么名堂，多指某人行事神秘，让人无法理解。

【语文之趣】　电线杆子晒衣服——好大的架子

吊死鬼搽胭脂——死要面子

肚里长瘤——心腹之患

肚子里撑船——内行（航）

飞机上作报告——空话连篇

【勤学好思】　朝天放炮——＿＿＿＿＿。

朝天一箭——＿＿＿＿＿。

池塘里摸菩萨——__________。

各人自扫门前雪，休管他人瓦上霜

清代时，济州出了件冤案，一个名叫翟夏中的人，早上起来打扫自家院子门前的积雪，见邻居郑仪家瓦片上雪霜覆盖便好心帮其打落。谁知打霜之时竟发现郑仪一动不动倒于血泊中，翟夏中惊慌失措，吓得跑回家中。随后，郑仪尸体被另一人发现，报到县衙。知县勘查过现场发现了可疑的脚印，经确认为翟夏中所留，不由分说，将其屈打成招，打入死牢。

翟夏中的妻子到州衙鸣冤，州官分析案情，觉得可疑，责令知县查明真凶。知县无奈，只好仔细侦破，终于将真凶缉拿归案。

原来，郑仪的堂弟郑容是个市井无赖，郑仪曾劝他弃恶从善，他却一直怀恨在心。一日他与郑仪争执，失手将其杀死便仓皇逃窜，一夜大雪盖住了他的脚印，反留下了翟夏中的脚印。真相大白，自然要放了翟夏中，知县为了挽回面子，对翟夏中说："若不是本官明察秋毫，你哪有今天啊！以后你不要管闲事，扫你自己门前的雪就是了，管别人瓦上的霜干什么？"

"各人自扫门前雪，休管他人瓦上霜"这句话随着这起冤案一起传开了。后就成了一些自私自利、明哲保身的人的座右铭。

【语文之趣】 火车开到马路上——越轨

火烧胡子——练（炼）嘴

脚底抹油——开溜

光屁股穿裙子——顾前不顾后

光脚进冰窖——凉到底了

【勤学好思】 铁锤打纸鼓——__________。

亭子里聊天——__________。

头发丝吊大钟——__________。

第六章　别有风趣猜谜语

趣读本章

谜语是中华民族传统文化的瑰宝，是传统民间文学的一种独特艺术形式。

谜语源远流长，最初源于口口相传的民间文学与群众智慧，春秋战国时大臣也常以暗示、比喻的手法影射事物，以“隐语”劝谏君主。汉时，文人墨客以诗词、典故制谜，产生了描摹事物特征、形态、作用的事物谜和以文义表现事物、文字形音义的文义谜。

谜语由谜面、谜目、谜底三要素组成，结构巧妙，寓意深远，内涵丰富，形式多变，趣味浓郁，读来回味悠长。本章选取的谜语以其浓厚的文学性与趣味性将中华谜语的特点体现得淋漓尽致。

诗谜自《玉台新咏》始

南北朝时，徐陵所辑的一本古诗集《玉台新咏》里有这样一首诗，后被收入好多诗集里：

稿砧今何在，山上复有山。
何当大刀头，破镜飞上天。

此诗颇让人费解，直到宋朝，学者王观国在他的《学林新编》中做出解释。原来这是一首诗谜。“稿砧”是古时的一种刑具，给犯死刑的人在砧上铺上蒿草，然后用斧斩去其头，稿砧不在了，只有“斧”。斧谐音夫，因此，第一句是一个“夫”字；“山上复有山”是个“出”字；“何当大刀头”，指大刀头上的刀环，谐音“还”字；“破镜”比喻半个月亮，即“半月”。解释出这首诗是说：“夫出半月当还。”大家把这首诗称为以诗作谜之始，也称为诗谜之最。

【举一反三】 武则天当朝时，徐敬业在扬州起兵谋反，请中书令裴炎做内应。为了机密起见，裴炎给徐敬业写了一封密信。但是这封信被武则天的耳目查获了。信上面只有两个字：“青鹅。”朝中百官均不解，武则天一看，便解释说：“青者，十二月，鹅字乃‘我自与’三字组成。这就是相约在十二月起兵，裴炎自会在朝中做内应的意思。”于是武则天杀了裴炎，并派李孝逸追击徐敬业。徐敬业的部将杀掉徐敬业，降顺了武则天。

【勤学好思】 姓高的头，姓李的腿，姓陈的耳朵右边垂，黄盖子，红边子，白身子，蓝底子。分别打一字，乃一人姓名。

东方朔以谜反击

西汉时期，汉武帝身边有一个名唤郭舍人的艺人，巧言多辩，深讨武帝欢心。东方朔和郭舍人经常在汉武帝面前斗谜、射覆，郭舍人从来占不到什么便宜，心中不服。一次，郭舍人借东方朔的姓名制作了一个谜，想让东方朔难堪，便对汉武帝说：“臣有一事要问东方朔，他若答对了，就打我的屁股；若答不上来，请陛下赏给我帛。”随即吟道：

客来东方，歌讴且行。
逾我垣墙，上入殿堂。
击之拍拍，死者攘攘。
格斗而死，主人被创。

东方朔听了，知他不怀好意，便没有简单说出谜底，却用讥笑的口吻答曰：

利喙细身，昼匿出昏。
嗜肉恶烟，指掌所扪。
臣朔愚憨，名之曰蚊。

汉武帝点头称赞，东方朔反应机敏，又占了上风。

【举一反三】　北朝时，北魏咸阳王拓跋禧谋反，事情败露，官兵到处追捕他，只有兼防阁尹龙武一个人跟着他。拓跋禧为了解除忧闷，同时也为了稳定这唯一的同伴的情绪，便说："你何不作个谜语咱们猜猜，来解除烦闷呢？"龙武听了，想起了一个谜语来：眠则同眠，起则同起；贪如豺狼，脏不入己。

拓跋禧猜道："这是眼睛。"

龙武点点头，又摇摇头说："是筷子。"

【勤学好思】　你自己编写一个描述某物的谜语，说与别人听听，看别人能否猜到。

黄庭坚以画答谜题

北宋黄庭坚七岁作诗："骑牛远远过前村，吹笛斜斜隔岸闻，多少长安名利客，机关用尽不如人。"名满天下，被誉为神童。他诗文书法均非常出色，深得苏东坡的赏识，成为"苏门四学士"之一，诗书与苏东坡齐名，人称"苏黄"。

一次，他由家乡修水来到江州，江州的才子们久慕其名，便约他同舟泛游长江。天光水色，烟波浩渺，景色宜人。一个才子向黄庭坚作了一揖，说道："学生偶得两句，向先生请教。"说罢吟道：

远树两行山倒映，
轻舟一叶水横流。

另一江州诗人接着说："句中有谜，请先生赐教。"

黄庭坚笑而不答，请人拿来笔墨纸张开始作画。他先在纸的上方绘出两株远树（丰丰），又在树上勾勒一个歪倒的山（彐），然后在下面画了一叶扁舟，又横着点了三点水而为“心”。一幅绝妙的淡墨山水画跃然纸上，远山、秀树、扁舟、流水，一个秀丽丰雅的“慧”字道出了谜底。众人看后不禁拍手叫绝。

【举一反三】 有一小童，见路上一个和尚与一个员外因口角而扭打在一起，便拍手编唱了一支童谣：

和尚和员外，争口打起来。
再会得不相让，扭打到一块。
和尚不像和尚，员外不像员外。

小孩随口唱唱，竟不知歌内暗含一字。

（谜底：赏）

【勤学好思】 苏轼的词“月有阴晴圆缺”。（打一经济学名词）

秦观出谜坦心意

北宋年间，大学士苏东坡和才子秦观十分投缘，两人常常一起饮酒填词，赋诗作对。

一次重阳节，两人一同去喝酒赏菊。席间谈古论今，十分投机。酒过三巡，菜过五味，苏东坡捻着胡须，笑着问秦观：“贤弟呀，你才高八斗、学富五车，貌若潘安，为什么到现在还迟迟不择佳偶呢？”

秦观放下酒杯，答道：“其实小弟心中倾慕一位佳丽已久，只怕冒昧启齿，唐突佳人。”

苏东坡闻言哈哈大笑：“这有何难？贤弟只要说出是哪家闺秀，愚兄定为贤弟牵线搭桥，在所不辞。”

秦观略一沉吟，随口吟来小词一则：“园中花，化为灰，夕阳一点已西坠。相思泪，心已碎，空听马蹄归。秋日残红萤火飞。”

苏东坡听罢，反复推敲，忽然哈哈大笑，指着秦观笑道：“这有何难，包在愚兄身上。”

秦观心仪的小姐是谁？原来就是苏东坡的妹妹苏小妹。秦观的词是一则字谜，谜底正是一个“蘇”（“苏”的繁体字）。

后来，在苏东坡的撮合下，秦观和苏小妹果真成就了金玉良缘。

【举一反三】 遥望处，牛女正双栖。天上人间相与共，银河杳渺水迷离，新月落西垂。

谜底：滕

【勤学好思】 一点一画，两点又一画，目字少一画，上字无画，已字添三画。（打一姓氏繁体）

侍女巧应才子谜

明代文人文征明有一个侍女，名唤淡梅，聪慧非凡，颇有文才。

一天，文征明好友唐伯虎来访，文征明说声："淡梅，来，泡茶!"淡梅即应声道："晓得，泡去哉!"片刻，淡梅就端上两杯香茗来，却都放在文征明面前。唐伯虎有点不解，不知此举何意。

果然，文征明笑着说："刚才我与淡梅的对话，是一则谜语。打七言诗一句，猜中方能饮茶。"唐伯虎笑而不语，暗自沉思：淡香，定与春有关，茶乃草、木、人……忽然，宋代诗人程颢《春日偶成》中的一句诗映入脑海"春到人间草木知"。文征明喊"淡梅，来"，正是"春到"二字，"茶"就是"人间草木"，淡梅答"晓得"，正是"知"字。于是他朗声把这句诗念了出来。

文征明笑说："猜中了，请用茶。"

唐伯虎接过茶来，忽然又若有所思地说："此谜甚妙，可谓字字相扣。可惜你喊的是'泡茶'，这个'泡'字却是多余的呀!"

文征明哈哈大笑说："君不闻淡梅又说了声'泡去哉'吗?"

唐伯虎抚掌称绝!

【举一反三】 祝寿

谜底：但愿人长久（苏东坡《水调歌头》）

清唱

谜底：无丝竹之乱耳（刘禹锡《陋室铭》）

【勤学好思】 保密（打陶渊明《桃花源记》中一句）

一语双关劝君归

相传旧时一生意人常年在外奔波，无法与妻子团圆。后此人于外地置一外室，金屋藏娇，更是不归家了，甚至除夕也在外度过。妻子聪慧，有所察觉，在这年年关将至之时给丈夫寄去一封信和一份礼物。信上写道：

自入君家，便与我翻脸。你应知我心中寒暖，纵然有时节、气满胸间，也强忍得五天十天。眼见得光阴似箭，年节不远，我在你心目中，更难比从前。怨郎君薄幸，厌旧喜新，终于将我抛在一边。郎君啊，如今盼你心回意转，来年重新见。

他读完了信，十分惊讶，以为妻子知道其外室之事，不觉更引起了对妻子的内疚与爱怜之情，心中感慨万千。打开礼物一看，才知道信里所说的其实是她寄来的这份礼物——年历。妻子一语双关点醒了丈夫，他决定打点行囊与家人共度新年。

【引经据典】 《红楼梦》中有一些精彩诗谜，选摘如下：

能使妖魔胆尽摧，身如束帛气如雷。一声震得人方恐，回首相看已化灰。（打一节日用品名）

谜底：爆竹

天运人功理不穷，有功无运也难逢。因何镇日纷纷乱？只为阴阳数不同。（用品一）

谜底：算盘

阶下儿童仰面时，清明装点最堪宜。游丝一断浑无力，莫向东风怨别离。（打一玩具）

谜底：风筝

【勤学好思】 红楼梦中贾母随口说过一个谜语：“猴子身轻站树梢。”（打一水果）

半句唐诗亦成谜

苏东坡与袁公济是同科出身的好友，宋元祐年间，二人同在杭州，经常一起谈诗论画，评古论今。一次，二人在西湖边踏雪赏景，袁公济行于雪上，触景生情，便说：“苏公，我有一谜，不知您能猜得否？”东坡说：“赏雪猜谜，也是一件雅事，请示谜面。”

袁公济笑着说：“雪径人踪灭，打七言唐诗半句。”

苏东坡一听，不禁暗暗吃惊。心想，我还没有碰到过猜半句诗的谜语呢；再者，半句七言诗，怎么论呢？三个字还是四个字？应该是三个半字才算准确，或者是把七个字都从中间劈开，只读半边？正在推敲时，忽然树林中掠起一群小鸟，展翅天际，灵感闪现，不禁豁然开朗，心中暗暗称赞袁公济这半句诗谜出得巧妙！可是他转念一想，既然你编得巧，我也不能简单地说出谜底就算了，必须也要答得妙，才能相映成趣。他望了一下远去的飞鸟说："袁公！我有个谜请你也猜七言唐诗半句。"袁公济一听，顿时来了兴致，便说："就请快示谜面。"苏东坡说："雀飞入高空。"

袁公济听了，一时也难理出个头绪来。苏东坡见他答不出来，便提醒一下说："你我这两则谜语可是有所关联啊，我猜中了你的谜，也就自然猜中我这谜了。"袁公济一想他的谜底那上半句唐诗，又想到那下半句，恍然大悟，这时，苏东坡便在雪地上写出：一行白路；袁公济接着写下去：鸟上青天。

二人相视一笑，此为唐代诗人杜甫七言绝句中的一句"一行白鹭上青天"，半句唐诗也成谜，自传为一段文坛佳话。

【举一反三】　背道而驰（打七言诗一句）

谜底：君向潇湘我向秦

畅所欲言（同上）

谜底：说尽心中无限事

萍水相逢（同上）

谜底：同是天涯沦落人

三顾茅庐（同上）

谜底：前度刘郎今又来

【勤学好思】　"乍"字打李白一首千古名诗中的一句。

出谜解谜成良缘

相传古时有一个书香之家，家中只有一女，聪慧好学，诗词歌赋、琴棋书画无一不精，登门求婚者多如过江之鲫。

姑娘的父母十分疼爱女儿，对于女儿的终身大事也十分开明，对求婚者没有什么过多的要求，家境、门庭都不在话下，只要女儿本人满意就成。

然而，前来求婚的人，姑娘一个也看不上，她一心想要找一位才学精深、知识渊博的如意郎君。她亲笔写下了马致远的散曲《天净沙·秋思》：枯藤老树昏鸦，小桥流水人家，古道西风瘦马。夕阳西下，断肠人在天涯。（打七言唐诗一句）

姑娘把这条谜语悬于大门外，声明猜中者方可议婚。

不少年轻人都聚集在门前，反复吟读，却没人能猜出来。恰好有一位赶考的举子路过此地，见有不少人围在一起，便也凑了上去看个究竟。他看了看姑娘留下的诗谜，便从行囊中取出纸笔，写下了崔颢《黄鹤楼》中的一句：日暮乡关何处是。写完，交于府中下人递给小姐。小姐一看，正合自己心意，于是与书生成就了美满的姻缘。

【举一反三】 雾失楼台月迷津渡。（打七言唐诗一句）

谜底：两处茫茫皆不见

滚滚长江东逝水。（打七言唐诗一句）

谜底：奔流到海不复回

宛转蛾眉马前死。（打七言唐诗一句）

谜底：一代红颜为君尽

弦断有谁听。（打五言唐诗一句）

谜底：恨无知音赏

【勤学好思】 且听下回分解。（打一句宋词）

十味中药作谜底

清嘉庆年间，扬州有一些喜爱灯谜的文人组织了一个谜社叫“竹西春社”，该社发起人爱素生，编了本集子叫《竹西春社钞》，是谜史上的一本重要资料。

一天，爱素生的好友委宛山人来拜访他，发现他的书桌上放着一张书笺，上面写着：东坡居士，家藏澄心堂粉笺，上皆草书历年进札。当日山谷极爱之曰：“惟此勃勃有生气，虽不若少游之妩媚，而具见坡公一生忠直。”后藏敝簏糜烂，因又摹写一本，题曰东坡册子云。

委宛山人看了，十分惊喜，忙叫爱素生将新摹写的苏东坡墨迹拿出来瞧瞧。爱素生笑着说："哪里有什么东坡墨迹呀？这只不过是一则朝阳格的灯谜而已。一共十句，每一句打一药名。你先猜猜看，猜不中可要受罚。"

委宛山人也是"竹西春社"的社员，听说这是谜语，立刻来了兴致。他边读边想，忽然一拍手道："我猜出来了，这十味药可是：苏子、白芷、稿本、黄连、独活、秦艽、苏梗、破故纸、茯苓、苏叶，对吗？"

爱素生赞道："十味都对，果然是竹西春社的猜谜高手！"委宛山人也笑赞好友："此谜的确新巧别致，我都险些被你骗过呢！"

【举一反三】　五月既望时，出门多加衣，

游子离乡久，素笺未写诗。

每一句为一味药名。

谜底：半夏、防风、当归、白芷

【勤学好思】　牧童、九死一生、三九时节、百年貂裘分别打一味中药名。

《西江月》中藏字谜

苏东坡之妹苏小妹也是北宋有名的才女，其夫秦观（字少游）是当时著名的才子、词人，秦观的名句"两情若是久长时，又岂在朝朝暮暮？"流传千古。

夫妻二人志趣相投，时常填词作赋，猜谜射覆。

一日，秦少游见妻子桌案上有一张素笺，上作有半阕《西江月》。

欲问千年往事，三皇五帝凄然。

秋菊枯草覆满园，何必谦让再三。

少游笑着对小妹说："此词不是你平素风格啊！"苏小妹淡淡一笑："这是首谜语，每句打一古人名。"

少游一边想一边猜："问者盘也，千年往事古出，第一句可是盘古？"小妹笑着点头。"第二句——凄然——心楚之意，当是楚怀王了。"小妹又点头而笑。"第三句是黄盖，第四句是陆逊。"苏小妹拍手称赞。

少游说："待我续上下半阕。"随即吟道：

醉眼黄粱正好，赤枫夕照峰峦。

喜与小妹聚缠绵，人面桃花相伴。

苏小妹斜倚在床上，边想边说："第一句是睡香，第二句是映红，第三句是合欢，第四句是对红，是吗？"

秦少游高兴地称赞夫人："夫人果真蕙质兰心啊！"

【举一反三】 未到巫山已有情，空留文字想虚名。

可怜一夜潇潇雨，洒上芙蓉便是卿。

（打《红楼梦》中人物名）

谜底：晴雯

【勤学好思】 文。（打一《红楼梦》中人物名）

小女出妙谜难学者

相传，在明朝弘治年间有一位学者丘浚，他勤奋好学，博闻强记，精通经史子集，官拜文渊阁大学士。到晚年右眼失明，仍孜孜不倦。他学识渊博，聪慧、机智，民间流传了不少他的趣事。有一次，他差一点被一个普通的店家女儿难住。

一晚，他住在一家旅店里。店主的女儿好学，粗通文墨，蕙质兰心，得知丘浚到了这里，便很想向他请教。丘浚年逾花甲，平易近人，有问必答。店主女儿说："我出个谜给先生猜好吗？"丘浚说："好，我倒是很喜欢猜谜的。"女孩轻轻道来："二人并坐，坐到二更三鼓，一畏猫儿一畏虎。打一字。"

丘浚想了好久，也理不出个头绪。他反复推敲：二人并坐可能包含两个"人"字，可是一个畏猫一个怕虎，就不会是两个"人"了，那么就该是两个字在一起合成一个字。什么怕猫呢——鱼，什么怕虎呢——羊。对了是个"鲜"字！他拈着长长的胡子说出答案。

店主女儿却笑了笑说："不对！"丘浚问："怎么不对？"店主女儿说："既然提及坐到二更三鼓，则必有其意？"丘浚想了想恍然大悟："对了，二更者亥时也，三鼓者子时也，莫非是个'孩'字吗？"店主女儿点头笑说："对了！子为鼠，惧猫；亥是猪，畏虎。"丘浚不禁颔首称妙。

【举一反三】 二画大，二画小。

谜底：秦

左右开弓，百发百中。

谜底：弼

【勤学好思】　上无一画，下无一画。（打一字）

有情人借谜定终身

相传宋朝年间，一位年轻公子前往庙中上香，恰逢同城一大户人家的小姐跟随母亲进庙还愿。这书生也曾听闻小姐芳名，知道小姐才貌双全，琴棋书画，无所不精，一直心存爱慕。两人于寺中匆匆擦肩，四目以对，眼波流转。

这书生心存万分倾慕之情，只是不知小姐何意，故不敢造次。这位小姐也曾听说书生才高八斗、学富五车，乃城中第一才子，匆匆一面，竟有些一见钟情。无奈终身大事必得父母之命、媒妁之言，女子藏于深闺，对自己的终身幸福无法左右。小姐聪慧非凡，于夜间绣出一方锦帕，上绣小诗一首。第二日，还愿已罢。小姐随众人出门之时，趁别人不备，将锦帕遗于地上。书生一直目送小姐离去，趁势悄悄捡起锦帕，只见上面绣着：夜雨侵芳径，晨风引朝曦。有心赴春闱，莫负梦得诗。

书生看罢，站于廊下细细思量，诗的最后一句中的“梦得”是唐朝大诗人刘禹锡的字，他有一首有名的《竹枝词》，后两句是“东边日出西边雨，道是无晴（情）却有晴（情）”。而小姐这首小诗前一句写雨，后一句写晴，正应了这句前人之诗。书生会意，请父母找媒妁前往小姐府上提亲，佳偶既成。

【举一反三】　相传，古时一位才女闺中自乐，作得一首小词，一句打一字：

下珠帘焚香去卜卦，
问苍天侬的人儿落在谁家？
恨王郎全无一点真心话。
欲罢不能罢，
吾把口来压。
论文字交情不差，
染成皂难讲一句清白话。
分明一对好鸳鸯却被刀割下，
抛得奴力尽手又乏。
细思量口与心俱是假。

谜底依次是：一二三四五六七八九十。

【勤学好思】　只因心相连，受下交朋友。

芳心青春在，探源水漫手。

此首谜诗是一女子思念在外的丈夫所作，每句一字，你知道谜底为何吗？

偶翻唐诗得佳谜

谜家奚燕子，被称为“国魂九才子”之一，他制作的谜语构思巧妙，深受众人喜爱。当时有家报纸叫《铁报》，设有谜语专栏，每天刊谜一则，次日揭晓谜底。专栏的谜语就是奚燕子包撰的。有趣的是，奚燕子总是每天现制一条谜语，由报社派专人到奚家取。

不巧的是，元宵节那天奚燕子突然病倒，无法出谜，这下可把报社的主编何月珊给急坏了。因为元宵节也叫“灯谜节”，天天有谜语的报纸如果独独在这天无谜，或谜语有失水准，怎么说得过去？报纸的信誉和名声也会因此受损。无可奈何之际，何月珊灵机一动：不如随便找句诗来充充谜面吧！至于谜底，就借元宵节灯谜独特的缘由，让它先空着。他拿起一本《唐诗三百首》，信手一翻，正翻到杜甫的《春望》，便将“家书抵万金”一句抽出来作谜面，要求打一个成语，而且注明猜中者将赠阅本报一年。然而，这个谜底究竟是什么，何月珊自己也无从知晓。

谁料谜语刊出之后，应者竟纷纷而来。其中有一位读者猜作“轻财重信”，十分契合谜面。正是无巧不成书，信手拈来的一句诗竟有了如此契合的谜底，何月珊大感快慰，遂将“轻财重信”作为谜底。此谜也因独特精妙而享誉一时。

【举一反三】　颠倒不自由，哄鱼儿上钩，两人便把一人丢，可惜心不应口，要成就终难成就，一点儿巴不到头，欲问平康把八字推求，薄幸人藏头十分露丑，任他人去恨悠悠，兴发时抛却了弓鞋难绣。(每句皆猜一字)

谜底：甲乙丙丁戊己庚辛壬癸

【勤学好思】　李白的古诗“长安一片月”。

(打《水浒》中一人物名)

陈毅出谜命茶名

1964年春，陈毅元帅游四川名胜峨眉山。当到了万寿寺时，负责接待的同志说："陈老总，到了这里，您可一定要品品峨眉的龙井茶。"陈毅笑呵呵地开起玩笑来："哎哟，峨眉山上啥子时候来了这样的宝贝，怕是白娘子从西湖带来的茶种吧！"

龙井奉上，陈老总端起茶杯，只见那茶水碧绿清透，馨香淡雅，沁人心脾。他端起来细细品了一口，连连点头，忽然心念一动，说："这样的好茶，该给它取个与之相配的好名字才是。"接待的同志听到此话十分高兴，便对陈老总说："那就请陈老总来取一个吧！"

陈毅本就是爽快之人，便一口答应。他端起茶杯看着晶莹明绿的茶水，又品了两口，心中有了底："是喽，你们峨眉山，民间喜好猜谜活动，那我就用'幽篁叠翠'作谜面来命个题，大家猜猜看，瞧我到底给这茶取了个啥子名字。"

随行的人还没弄清楚该怎么猜才好，送茶的万寿寺老住持便笑眯眯地在旁边说："元帅之意，可是取名为'竹叶青'？"

陈老总爽朗地笑起来："对喽！就是叫'竹叶青'，这可是咱们峨眉的特产喽！"

陈老总取名时恐怕没有想到，他设谜命名的"竹叶青"茶，在21年后的第24届世界食品博览会上夺得了金奖，从而闻名世界。

【举一反三】　唐朝诗仙李白曾以一首小诗为翰林院学士李谟的外孙取名：树下彼何人，不语真吾好。语若及日中，烟霏谢成宝。名字就藏于这四句诗里，树下人是'木''子'，即'李'也，不语是'莫'、'言'，即'谟'也，好是'女'、'子'，女之子，'外孙'也。语及日中是谈到中午即'言'、'午'，即'许'字也，烟霏谢成宝，'烟霏'是'云'，'成宝'即'封'中，乃云封也。这四句诗联起来即是'李谟外孙许云封'也，李谟对此名字十分满意。

【勤学好思】　笼中云雀、凿壁偷光，分别打三国时古人名，猜猜看？

状元题诗含字谜

广州有名酒“状元坊”，香飘四方，闻名遐迩，相传是因为明代才子伦文叙而得名。

明代广州城西的一个街口有家酒店，店主为人忠厚，虽酿得好酒，却因巷子深，生意清淡。这一日，伦文叙赴京赶考，路过酒店，走得正口干舌燥，便打了几两酒喝，喝后连声夸赞，只见老板苦笑：“生意清淡呐!”伦文叙提议在酒家白墙之上写首诗，老板应允。

于是伦文叙要来笔墨，在粉墙之上，龙飞凤舞地写下了一首七言绝句：

一轮明月挂天边，淑女才子并蒂莲。
碧波池畔酉时会，细读诗书不用言。

写完，题款“伦文叙”三字。这首诗的每一句都隐含一个字谜，合起来就是“有好酒卖”。

伦文叙走后数月，酒家生意依旧清淡。京城会试揭榜不久，普天下都在议论今科状元伦文叙。眼尖之人看到这家酒店的墙上竟有状元亲笔题写的一首诗，其中隐藏着“有好酒卖”四个字。一时间，一传十，十传百，许多文人墨客争相抢座沽酒，喝状元之酒，成为一时风雅。这酒家生意日见兴隆，店面越开越大，这个地方也由昔日的冷清深巷变得热闹非凡，后来就改名叫“状元坊”了。而后“状元坊”便成为盛名一时的名酒了。

【举一反三】 古时，一家寺庙住持请一文人为寺庙写联，而此文人对该住持一直心怀不满，遂提笔写道：“日落香残，去掉凡心一点；炉火已灭，且把意马站边。”住持一开始十分满意，认为此联意在劝善，意境悠远，而后仔细一想才发现被戏弄了。原来此为两个字谜，连起来即为“秃驴”二字。

【勤学好思】 旧时，一家老字号醋坊挂有一首小诗：一人一口又一丁，竹林有寺没有僧，女人怀中抱一子，二十一日酉时生。每句一字，连起来即为夸耀自家生意，你能猜出来吗？

原来是绝妙好辞

东汉时，浙江上虞有一个名叫曹娥的女子。在五月初五划舟祭江神的仪式中，曹娥的父亲不幸落水淹死，当时她才14岁。为了寻找父亲的尸首，她沿江痛哭十七个昼夜，最后投江而死。县令度尚为了表彰这位孝女，就把这条江改为曹娥江，并在江边立庙、竖碑。在请名家撰写的碑文还没有交稿时，一位不满20岁的侍酒童子献出了自己写好的碑文。大家看了赞不绝口，就把这篇碑文刻到了碑上。东汉大文学家蔡邕听说后赶去观赏，到碑前时，天已黑了，他只好摸着读完碑文，然后在碑的背面写了八个字：

黄绢　幼妇　外孙　齑臼

一时无人能解这八个字的含义。

传说三国时候，曹操在一次出巡时得知了这件事，便问随从人员，谁能解得开？只有主簿杨修说他已解开了。曹操叫杨修先不要说出来，让他自己再想想看。他们骑马走了三十里路的工夫，曹操说他也猜出来了，便让杨修先说说看。杨修说："黄绢，是有色的丝，是个'绝'字；幼妇，即少女，是个'妙'字；外孙，是女儿之子，女子为'好'；齑臼，是接受捣辛辣之物的，舌辛为'辞'字，这八个字的意思是称赞这篇碑文为'绝妙好辞'。"

曹操听了大笑说："正和我猜的一样。可是我的才思终不及你好，我是又走了三十里后才猜出来的呢！"后来，原来的碑被毁了，到宋代重修此碑时，由蔡卞书写了碑文，把这八个字写在了碑身正文之末。这八个字的字谜也被传为千古绝唱。

【举一反三】　相传，淮海大明寺西廊壁上有首题诗：

一人堂堂，二曜同光。
泉深尺一，点去冰旁。
三梁四本，烈火烘然。
除却双勾，两目不全。

令狐绹和随从都看不懂是什么意思。随从中有个叫班蒙的解释说："'一人’是个‘大’字；‘二曜’是日月，是个‘明’字；‘尺一’为十一寸，是个‘寺’字；‘点去冰旁’为‘水’字；‘二人相连’为‘天’字；‘不欠一边’是‘下’字；第七、八两句是个‘無’（繁体的‘无’）字；最后两句是个‘比’字，合起来即‘大明寺水天下无比’。”

【勤学好思】 一间大厦空又空，里面倒吊齐桓公。（打一字）

“是也”还是“非也”

相传，有个秀才迂腐自大，认为自己读过《四书》《五经》，满腹经纶，就一天到晚之乎者也地到处卖弄。有个酒店老板也念过几天书，对其颇为轻视。一天，他见秀才又在街上拽文，便把秀才请到店里说：“我这里有个谜，正想请教你。你解得出来，今日酒钱全免。你要解不出来，罚你今后说话不准带一个‘也’字。”秀才说：“行，你说谜面吧。”老板就说了一个故事：

春秋之时，孔子和他的两个门徒子路和颜回聊天。孔子问徒弟：“是也？非也？”子路答：“是也。”颜回：“非也。”二人争执不下，孔子曰：“是也，则直在其中矣！”两个人点头，都说：“非也。”

老板问：“这是个什么字？”

秀才听得一头雾水，孔子明明说“是也”，子路和颜回却又说“非也”。究竟是也还是非也？他绞尽脑汁，终究一无所获。

老板笑着蘸着酒在桌子上写了一个“乜”。

秀才刚要念“也”，一看又不是“也”。可孔子为什么又说是也呢？

老板笑着说：“孔子说‘直在其中’才是‘也’呢。”

秀才自知才疏学浅，羞愧万分，此后再不敢逢人便“之乎者也”了。

【举一反三】 闭朱户才郎远去，闲庭坐木落长空。

阁虚悬各自去了，问消息口信无踪。

谜底：门

【勤学好思】 四个不字颠倒颠，四个八字紧相连。

四个人字不相见，一个十字在中间。（打一字）

第七章　津津有味读名家

趣读本章

从古到今，文学艺术名家的逸事趣闻数不胜数，文坛流传着许多佳话，或让人开怀一笑，或让人深有裨益。

无论是笔耕不辍，还是勤奋苦学；无论是机智幽默，还是虚怀若谷；无论是正直不屈，还是心忧天下，你从中学到的都不应只是故事中的一点点。

本章选摘了中外古今众多文学家、书法家、艺术家等名人的趣事趣闻，在故事中点出了名家佳作，趣味中给人以文学的教育。了解名家的生平、品格，多读些文学名著、历史佳作，学习名家志士的做人处世，在提高自己文学修养的同时也注重品德光辉的采撷。

书圣卖字换盘缠

王羲之，字逸少，东晋最著名的书法家，历代学书、论书者都以其作为书家的最高典范，称之为“书圣”。王羲之酷爱游山玩水。一年春天，他去杭州探访好友，走到苏州界内时因夜景迷人而流连忘返，晚风拂醉意，欣赏过一夜风景后，王羲之居然一病不起。

书童请来苏州名医为他精心诊治，王羲之病了整整一个月，出门时身上所带的盘缠也已用光，眼看无法顺利到达杭州。正思对策，他忽然记起，客栈对面有一个当铺，印象中那个“当”字已破旧不堪，他想出个好主意。王羲之叫书童铺纸磨墨，写好一个“当”字，叫书童拿去当铺，价格是30两银子，少一个子儿也不当。

书童来到当铺，展开王羲之的字，说当30两银子。老板细细端详着，说：“好字是好字，只是带着病容，有些不值。”书童回来把老板的话说给王羲之，王羲之没说什么，又写了一个字，让书童拿去。老板一看，说道：“这个字比那个有力多了，只是带着些孤气和怒气。就这吧，我要了。”

王羲之有了盘缠，继续上路，来到杭州，朋友设了一桌好酒招待他。在座一位朋友的亲戚，开着一个当铺，想求王羲之写个“当”字，当做招牌，王羲之说：“我已经写好了一个‘当’字，你去取回来就是了。”王羲之当即把当票掏出来，交与那人。那人带着银两直奔苏州。见了当铺老板，就要回“当”，老板听他不是本地人，跑这么远要回“当”，便想坑他一笔，算盘子一拨拉，连本带利开口要他40两，那人马上给付。老板有点纳闷，就问他：“请问，这个字有什么珍贵的？”那人说：“这是当代大书法家王羲之的真迹。”老板悔不当初。

那人回到杭州，见了王羲之，交出那个“当”字。王羲之接过来看都没看，把字撕了个粉碎，那人可惜得捶胸顿足。王羲之笑笑说：“生意人最重要的是一个‘和’字，和气生财。写这个字时我心情不好，带着几分怒气，现在再给你写一个，保准你挂出去能发财。”于是，书童展纸磨墨，王羲之运气着力，挥笔写下一个很大的“当”字。在场的朋友们无不称奇，拍手称赞。

这个“当”字由工匠刻制，挂在杭州城的通衢大道处，非常显眼。从此以后，杭州城的当铺成了全国最出名的当铺，财源广进。

【文海拾贝】 王献之是王羲之的第七个儿子，天资聪颖，机敏好学，七岁时始习书法，师承其父。王羲之曾对儿子说，只有写完院里十八缸水，他的字才会有筋有骨、有血有肉，直立稳健。献之心中颇有些不以为然，他勤奋地练了五年，写完了三缸水，自认为书法已小有所成，遂将自己十分满意的习字拿给父亲过目。谁知王羲之一张张掀过，却频频摇头，直到看见一个“大”字，王羲之露出了较满意的神色，随手在“大”字下点了一个点。小献之心中不服，又将习字拿去给母亲看，母亲认真地翻看，最后指着王羲之在“大”字下加的那一点，说：“吾儿磨尽三缸水，唯有一点似羲之。”献之此时方知与父亲的差距，又锲而不舍地练了下去，当他真的用尽十八大缸水，书法果然突飞猛进。后王献之的字也达到了力透纸背、炉火纯青的程度，其书法与其父并列，被人们称为“二王”。

【勤学好思】　中国历史上的书法名家众多，各有其不同的风格，你能说出多少人？他们各自擅长的书法风格是什么？

饮酒赋诗显不羁

东晋杰出诗人陶渊明喜好饮酒，由于家中穷苦，不能经常沽酒来喝。有一年重阳节，他因没有酒喝而深感苦恼，就到屋旁的东篱下采摘菊花，久久地坐在菊篱边上，若有所思。此时，正好碰上江州刺史王弘派白衣官差前来送酒于陶渊明，就高兴地走过去开坛豪饮，尽饮至醉。后来人们便常用“白衣送酒”这则典故形容朋友刚好送来自己心中所渴望的东西，雪中送炭，遂人心愿。

唐代伟大的浪漫主义诗人李白，第一次从蜀地来到京师长安，住在一家店铺里。秘书监贺知章久闻李白的诗名，得知他来到京师，便立即前往拜访。刚一见面，贺知章就称赞李白相貌堂堂，气宇轩昂，并索求李白的诗文来拜读。李白见其态度恳切，当即就取出《蜀道难》一诗送给他。贺知章读完，赞声不绝，深有相见恨晚之感。随即又解下腰间所佩的金龟，换酒来和李白喝，直到大醉方停杯。此后，贺知章每日约见李白，又到处颂扬其诗名，李白从此名声大振。

北宋著名诗人苏舜钦，字子美，为人豪放不羁，且又喜饮酒。他年轻时曾住在其舅父杜祁公家，每晚读书都要喝一斗酒，杜祁公总怪他贪杯。有一日杜祁公偷偷到书房看苏子美读书，刚来到书房前就听到苏子美正在读《汉书·张良传》中有关“张良与客椎击秦始皇”的语句。读毕，只见苏子美拍掌说：“惜乎，击之不中！”随即便满满地饮了一杯酒。接着，当他再次听到苏子美读“张良在下邳遇到刘邦”的语段时，又见他拍掌赞叹说：“君臣相遇，其难如此。”说完又将一杯酒喝个精光。杜祁公见其这样，笑着说：“有如此下酒物，一斗不足多也。”

【文海拾贝】 中国文人自古就与酒有密切关系，解忧消愁，激发创作灵感，都离不开酒。三国时文学家曹操用杜康酒解忧创作出《观沧海》《龟虽寿》等传世名作。东晋大书法家王羲之在会稽山阴的兰亭诗会上，喝得有些醉意，灵感忽来，写出了天下第一行书《兰亭序》。唐代大书法家张旭“嗜酒，每大醉，呼叫狂走，乃下笔”，后人描绘道：“张旭三杯草圣传，脱帽透顶王公前，挥毫落笔如云烟。”大书法家怀素更是嗜酒如命，醉后“忽然绝叫三五声，满壁纵横千万字”，“醒来把笔猛如虎，粉壁素屏不问主”。唐代大诗人李白更是“斗酒诗百篇”，给后人留下很多光辉灿烂的诗篇。清代大文学家曹雪芹困苦潦倒还常去赊酒而饮之，时常过着“举家食粥酒常赊”的日子，却写出了中国封建社会的百科全书《红楼梦》。

【勤学好思】 除了上述提到的名人名篇，中国古典文学作品中，无论诗词歌赋，还是戏剧小说，总有许多与美酒相关的优美文字，你能说出几部著名的作品吗？

司马迁忍辱著史

司马迁是中国历史上伟大的史学家。他早年出游大江南北，考察各地民风习俗，采编古籍，收集传说，后继父职任太史令，负责掌管国家图书典籍、天文历算和文书档案，得观国家藏书，为治史提供了众多的资料。

天汉二年，正当司马迁全身心地撰写《史记》之时，却遇上飞来横祸，即李陵事件。苏武出使匈奴的第二年，汉武帝派贰师将军李广利（汉武帝宠妃的哥哥）统兵三万攻打匈奴，结果兵败而归，几乎全军覆没，李广利逃了回来。李广利的孙子李陵当时担任骑都尉，带着五千步兵跟匈奴作战，单于亲率三万骑兵把李陵的步兵团团围住。尽管李陵箭法超群，兵士骁勇，但寡不敌众，后无援兵，最终被匈奴擒住。李陵投降匈奴的消息震惊朝野，汉武帝将李陵的母亲和妻儿下狱，并召集群臣商议。朝中大臣都谴责李陵贪生怕死，有负皇恩。司马迁却为李陵辩解：“李陵带去的步兵不满五千，却深入敌人腹地，歼敌无数，虽败犹荣。李陵被擒未即刻赴死，一定是想等待时机将功赎罪以报皇恩。”

汉武帝认为司马迁为李陵辩护，是有意贬低李广利，勃然大怒，将司马迁下狱审问，定罪并处以腐刑。司马迁深受奇耻大辱，本想一死了之，但因《史记》尚未完成遂忍辱偷生。他把从传说中的黄帝时代开始，一直到汉武帝太始二年（前95年）为止的这段时期的历史，编写成一百三十篇、五十二万字的巨著《史记》。

《史记》对古代一些著名人物的事迹都作了详细的叙述，对于农民起义的领袖陈胜、吴广给予高度的评价，对被压迫的下层人物表示深切的同情，还将古代文献中过于艰深的文字改写成当时比较浅近的文字。鲁迅先生曾说，史记是“史家之绝唱，无韵之《离骚》”。也就是说，作为一部规模宏大、体制完备的中国通史的《史记》，同时也是一部非常优秀的文学作品。在司马迁的笔下，篇幅不多的文字就能非常生动地刻画出一个历史事件或一个历史人物。人物刻画鲜明生动，情节引人入胜，语言生动活泼，可以说，《史记》既是一部伟大的历史著作，又是一部杰出的文学著作，在我国的史学史、文学史上都具有很高的地位。

【文海拾贝】　司马迁曾在《史记》中说，“文王拘而演《周易》；仲尼厄而作《春秋》；屈原放逐，乃赋《离骚》；左丘失明，厥有《国语》；孙子膑脚，《兵法》修列；不韦迁蜀，世传《吕览》；韩非囚秦，《说难》《孤愤》；《诗》三百篇，大抵圣贤发愤之所为作也。此人皆意有所郁结，不得通其道，故述往事，思来者。”这段话正是他当时忍辱著书的痛苦心情的鲜明写照。

【勤学好思】　司马迁先生说过：人固有一死，或重于泰山，或轻如鸿毛。了解了司马迁受辱后著《史记》的故事后，你对这句话有没有更深刻的领悟呢？

司马光圆木作枕

司马光是我国北宋时代的大文学家。

小时候和自家兄弟们一起读书求学时，司马光发现自己天资不甚聪颖，所以勤奋刻苦以求补拙。每当先生教完书，哥哥弟弟们读上一会儿，便能背诵出，于是一个接一个丢开书本，跑到院子里玩耍。只有司马光不肯走，轻轻地关上门窗，专心致志地高声朗读，正是“两耳不闻窗外事，一心只读圣贤书”。读了一遍又一遍，直到读得滚瓜烂熟，合上书，能够流畅地、不错一字地背诵完全，才肯休息。

司马光从小到老，一直坚持不懈地学习，即使为官理政时也从不间断学习。他居住的地方，除了一摞摞厚厚的图书典籍和简单的卧具，再没有什么贵重的摆设。卧具很简单：一架木板床，一条粗布被子，一个圆木枕头。为什么要用圆木枕头呢？说来还有一番深意：当读书太困倦的时候，他经常一觉便到天亮，而圆木枕头放到硬邦邦的木板床上。极易滚动。只要稍微动一下，就滚走了，头就会跌在木板床上，这样一个圆木枕头便可时时敦促司马光早起苦读，司马光给这个圆木枕头起了个名字叫“警枕”。

谈及司马光，便不得不提及一部传世之作——《资治通鉴》。司马光一生的成就与其说是在政治方面，不如说是在学术著作方面。《资治通鉴》是我国第一部编年体通史，这部巨著共294卷，历时19年完成。全书上起周威烈王二十三年（前403年）韩、赵、魏三家分晋，下至后周世宗显德六年（959年），记载了从战国到五代1362年的历史，所采史料除十七史以外，征引杂史诸书达320余种，经著者剪裁熔铸成一家之言。司马光编撰此书“专取关国家盛衰，系生民休戚，善可为法，恶可为戒者”，全书取材丰富，考证详密，史料的真实性胜过许多正史。全书绝大部分篇幅记述了历代治乱成败之迹，故而命名为《资治通鉴》。编撰成这套书后，司马光欣慰地说：“随委骨九泉，志愿永毕矣。”

【文海拾贝】 《汉书》：东汉班固著。记载了西汉时代的历史。

《后汉书》：南朝宋范晔著。记载了东汉时代的历史。

《三国志》：西晋陈寿著。记载了魏、蜀、吴三国时代的历史。

《晋书》：唐房玄龄等二十一人著。记载了西晋、东晋、十六国时代的历史。

《周书》：唐令狐德等著。记载了南北朝时期周国的历史。

《南史》：唐李延寿著。记载了南北朝时期南朝的历史。

《北史》：唐李延寿著。记载了南北朝时期北朝的历史。

《隋书》：唐魏征等著。记载了隋朝的历史。

《旧唐书》：后晋刘煦等著。记载了唐朝的历史。

《新唐书》：宋欧阳修等著。在《旧唐书》的基础上加工整理而成。

《旧五代史》：宋薛居正著。记载了五代的历史。

《新五代史》：宋欧阳修等著。记载了五代的历史。

《元史》：明宋濂著。记载了元朝的历史。

《明史》：清张廷玉等著。记载了明朝的历史。

【勤学好思】 最早的史书是哪部？记录历史最长的史书呢？找出所有的史书之最吧！

壮志未酬辛弃疾

南宋爱国词人辛弃疾，生活在“南共北，正分裂”的历史时期。面对金兵的不断南侵，他以收复失地、统一祖国为己任，鞠躬尽瘁，死而后已。然而，他却于中年蒙受谗劾，赋闲近20年，直至忧愤而死。“却将万字平戎策，换得东家种树书。”辛弃疾近20年的赋闲生涯，有10年之久是在铅山县八都乡期思村瓜山之下的瓢泉度过的。

1186年，辛弃疾自带湖漫游四乡，发现此泉，即一见钟爱，流连忘返。《洞仙歌·访泉于奇师，得周氏泉，为赋》中曾感喟：“飞流万壑，共千岩争秀。孤负平生弄泉手，叹青衫短帽，几许红尘；还自喜，濯发沧浪依旧。人生行乐身，身后虚名，何似生前一杯酒。便此地，结吾庐，待学渊明，更手种门前五柳。且归去，父老约重来；问如此青山，定重来否?”于是，他将此泉及房屋购下，又因泉形似瓢而命名瓢泉，并改奇师村为期思村。期思者，期待希冀也。如此易名，无疑寄托了辛弃疾结束南北分裂局面的殷切希望和东山再起、为之奋斗的博大胸怀。1195年春，瓢泉“新葺茆檐次第成”。翌年，辛弃疾举家定居瓢泉。

瓢泉作为辛弃疾的最终归宿，泉水映下了词人仰天长啸的英姿风貌，见证了辛词中许多名篇佳作。秀美的瓢泉山水，闲散的乡居生涯，并未消融词人的爱国热忱，忧心时事的情怀仍常流露于字里行间。清泉边，词人曾发出“男儿到死心如铁，看试手，补天裂”的呐喊，他曾表示，“此身忘世浑容易，使世相忘却自难”，深切怀念早年“壮岁旌旗拥万夫”的戎马岁月。即使在醉梦之中也不忘统一大业，写下了“布被秋宵梦觉，眼前万里江山”的感人词句，发出了“醉里挑灯看剑，梦回吹角连营”的壮烈吟啸。

然而，“青山遮不住，毕竟东流去”，辛弃疾生前屡遭投降派、贪官污吏的诬陷、弹劾，死后一年又蒙受“迎合开边”的罪名，致使家人惨遭株连，自瓢泉匿逃到福建等地避难，只剩下孤坟一座陪伴英灵。

【文海拾贝】 历城柳埠镇桃科水库东约200米的东峪北崖崖下有一山泉，名曰枪杆泉。传说此泉是辛弃疾用枪杆戳出来的，故名“枪杆泉”。辛弃疾二十一岁时曾聚众两千人，树起抗金旗帜，与好友义端先后参加了耿京领导的起义军。当得知义端窃印叛逃报敌后，十分震怒，提枪单兵独骑追杀义端于桃科村南，夺回了大印。日已升高，人困马乏，他口干舌燥，四处寻遍无水，十分焦急，便举枪向峪旁石头一戳，却连拔数次不动，于是运气猛地拔出，一股清泉顺势喷出。至今水质甘洌，泉水四季涌流，水势颇佳。

【勤学好思】 瓢泉边，田园的恬静和村民的质朴使得辛弃疾深为感动，灵感翻飞。《临江仙·戏为期思詹老寿》、《浣溪沙·父老争言雨水匀》等篇，皆是辛词中描写农村生活的代表作。其中，脍炙人口的名篇《西江月·夜行黄沙道中》尤为历代所传诵，成为千古绝唱。你能诵出并说出其妙处所在吗？

柳公权笔谏唐文宗

柳公权，中唐书法家，擅长楷书，以骨力清劲著称于世。公权的书法以王羲之书法为入手起步，后又广泛涉猎隋唐诸名家的作品，然后融会贯通，酝酿变化，最后自出新意，卓然成一大家。他平生致力经学，对《诗》、《书》、《左氏春秋》、《国语》及《庄子》等，都有较深的研究，此外还精通音律。

柳公权在入仕之初，便被书法所累。穆宗时，柳公权以夏州书记入奏，皇上一见到他便说："朕尝于佛庙见卿真迹，思之久矣。"于是就拜他为右拾遗侍书学士。他在这一低微的职位上经历了穆宗、敬宗、文宗三朝，做官期间，他仍然保持着正直的性格。相传穆宗曾经问他用笔之法，他回答说："心正则笔正，乃可为法。"致使皇上"改容，悟其以笔谏也"。这也就是历史上著名的"笔谏"故事。

柳公权的书法，由于帝王的赏识，在他在世时就已弥足珍贵。一次，文宗和学士们联句，文宗说："人皆苦炎热，我爱夏日长。"一时续的人很多，但文宗却偏独赏识柳公权的"熏风自南来，殿阁生余凉"，以为"词情皆足"，并"命题于殿壁"。柳公权遵旨持笔，一挥而就，字体很大，约有五寸，精美非凡，文宗赞曰："钟（繇）王（羲之）无以尚也。"立即迁他为少师。又有一次，宣宗叫他在御前写楷书"卫夫人传笔法于王右军"，草书"谓语助者，焉乎哉也"，行书"永禅师真草千字文得家法"等29字，令军容使西门季玄捧砚，枢密使崔巨源拿笔，写完后倍加赞赏，且又"赐以器币"。后来，此事传开，大家便都争着向他求字，以致一时形成了"当时大臣家碑志，非其笔，人以子孙为不孝"的局面，连外夷入贡，也都特地带了专款，并说："此购柳书。"

柳公权的诗也作得好，并有过一段以诗救宫嫔的佳话。武德时，皇上曾迁怒一宫嫔。后来皇上对柳公权说："我责怪这个宫嫔，但如果能得到你的一首诗，我就放了她。”说时把视线移往案头的几十幅蜀产笺纸，以示让他作诗。这时，只见柳公权提起笔来，略加思索，顷刻之间便作成七绝一首：不忿前时忤主恩，已甘寂寞守长门。今朝却得君王顾，重入椒房拭泪痕。皇上看后心中大悦，当即赦免了宫嫔。

【文海拾贝】　柳公权的碑版至今依然流传较多，而最著名的莫过于《玄秘塔碑》。后世因此碑字画留存完好，结体精密紧凑，故学习柳体楷书的常以此碑为入门之阶。碑今存西安碑林。柳公权的行书帖刻以《兰亭诗》为最出名。《兰亭诗》字迹虽较丰肥浓艳，但却骨力清劲，超凡脱俗。此外，他的行书帖刻《蒙诏帖》因帖中写有“翰林”字样，故此帖又称“翰林帖”，其书字体气势超迈，意态雄健。

【勤学好思】　宋朝范仲淹在《诔石曼卿文》中称“延年（石延年，字曼卿）之笔，颜筋柳骨”，从此“颜筋柳骨”的美誉便不胫而走，闻名天下。你知道“颜筋”是指哪位著名的书法家吗？

元曲状元马致远

元曲是元代文学的代表，与唐诗宋词一样，在文学史上占有重要地位。元曲包括散曲和杂剧。

马致远（约1250～约1321年），晚号东篱，大都人。他在散曲和戏曲创作方面的成就很高，素有“曲状元”的美誉。马致远早年为官，但因其汉人身份，在民族歧视严重的元朝无法施展抱负，故常独自感叹：“儒人不如人！”五十而知天命，马致远决定离开官府，隐退乡间自由生活。

马致远的《天净沙·秋思》是元曲小令中的压卷之作，被誉为“秋思之祖”。小令中的枯藤老树昏鸦等意象，本来就是一些易于让人愁思一触即发的悲凉秋色，加之黄昏将至，满目萧瑟之景则映射出其一生仕途的失意和漂泊的生涯；小桥、流水、人家等意象，以乐景与哀情，烘托出游子沦落的无限悲凉。结尾“断肠”孤客沦落“天涯”的场面，让人思绪万千。

《汉宫秋》是马致远创作的杂剧中最著名的作品，描写了王昭君出塞和亲的故事。作品虽取材于汉代王昭君和亲的历史，却并不拘泥于史实，而是在久经流传的民间传说的基础上，参考了历代诗人对王昭君的咏唱，结合元代民族压迫严酷的历史现实，重新勾画情节。作品以汉元帝与王昭君的爱情故事为主线，揭露了帝王的昏庸、朝政的腐败，抨击了朝中文武大臣在侵略威胁面前的怯懦和无能，也深刻地反映出了在民族战争中个人的不幸。

马致远一生共写了十五部杂剧，保留下来的主要有七部：《破幽梦孤雁汉宫秋》、《吕洞宾三醉岳阳楼》、《江州司马青衫泪》、《西华山陈抟高卧》、《马丹阳三度任风子》和《半夜雷轰荐福碑》，另一部《邯郸道省悟黄粱梦》仅存其中的第一折。马致远的杂剧表现了他对现实社会的强烈不满，文辞豪放有力，声调和谐优美，对后世有深远的影响。

【文海拾贝】 散曲指的是金元时期的小令和套数。小令和词调同源，是一支支独立的曲子；套数则源自宋金时期的说唱诸宫调，是由多只曲子依照一定的调型组织起来的。此外还有一种是带过曲，就是从套数里摘出来两支或三支连唱的曲调。散曲从元代兴起以后，在很大程度上取代了词的功能。

【勤学好思】 元代张养浩有一首元曲《山坡羊·潼关怀古》：峰峦如聚，波涛如怒，山河表里潼关路。望西都，意踌躇。伤心秦汉经行处，宫阙万间都做了土。兴，百姓苦；亡，百姓苦。此曲流传千古，用词洗练，精辟独到。你能找出最能体现全曲精髓的一句吗？

关汉卿以曲尽人情

关汉卿，元代杂剧最杰出的代表之一，他创作年代最早、作品最多、影响最大。关汉卿不乐仕进，交游甚广，多才多艺，精通音律，能歌善舞，这对他的戏剧创作大有裨益。作为在金元易代之际沦入市井间的落魄文人，关汉卿长期混迹于行院勾栏，既养成了桀骜不驯、狂放不羁的个性，又使他充分接触下层社会，对被压迫者的不幸遭遇感同身受。他的创作“一空依傍，自铸伟词”，“曲尽人情，字字本色”，其剧作如“琼筵醉客”，汪洋恣肆，慷慨淋漓，具有震撼人心的力度。

关汉卿曾在《南吕·一枝花·不伏老》写道，我是个蒸不烂、煮不熟、捶不扁、炒不爆、响当当一粒铜豌豆。这句话也是对他耿直不屈的坚强性格的鲜明写照。

关汉卿最负盛名的杰作即《窦娥冤》，它反映了元代社会的黑暗，并酣畅淋漓地揭示了元代社会惊心动魄的人间惨相，是元代戏剧乃至整个戏曲史上一颗璀璨的明珠。王国维称之为“即列之于世界大悲剧中，亦无愧色也”。

剧中的窦娥出身贫苦，3 岁母亲病故，7 岁成了童养媳，17 岁成为寡妇，和婆母蔡婆婆相依为命。有个叫张驴儿的泼皮无赖想霸占窦娥为妻，未能得逞。张驴儿就做了一碗放了毒药的羊肚汤送给蔡婆婆，结果一个巧合，毒药汤被张驴儿的父亲喝了。张父死后，张驴儿就一口咬定父亲是窦娥害死的，官府不问青红皂白，就把窦娥判了死刑。窦娥临刑前，对天发了三个誓愿：一是让自己的鲜血飞溅到旗枪的白绸子上；二是让六月天下大雪；三是让楚州大旱三年。结果窦娥死后，她的三个誓愿都应验了。

其实窦娥故事有着悠久的历史，早在先秦就萌芽了。《淮南子》中有一个古老的传说："庶女，齐之少寡，无子养姑，姑无男有女，女利母财而杀母，以诬告寡妇，妇不能自解，故冤告天。"晋代干宝《搜神记》所记周青事，便是《窦娥冤》中血飞白练的情节初始。长老传云：孝妇名周青，青将死，车载十支竹竿，以悬五幡。立誓于众曰："青若有罪，愿死，血当顺下；青若枉死，血当逆流。"既行刑已，其血青黄，绿幡竹而上标，又绿幡而下云。这就是窦娥临刑时所说"我不要半星热血红尘洒，都只在八尺旗枪素练悬"的情节张本。

关汉卿一生写了 60 多个剧本，除《窦娥冤》外，保留下来的剧本还有《救风尘》《望江亭》《单刀会》等 13 个。《窦娥冤》这出又名《六月雪》的戏剧，千百年来一直深受百姓的喜爱，关汉卿也成了世界级的戏剧大师。

【文海拾贝】　《窦娥冤》选摘："我不要半星热血红尘洒，都只在八尺旗枪素练悬。等他四下里皆瞧见，这就是咱苌弘化碧，望帝啼鹃……你道是暑气暄，不是那下雪天；岂不闻飞霜六月因邹衍？若果有一腔怨气喷如火，定要感得六出冰花滚似锦，免着我尸骸现；要什么素车白马，断送出古陌荒阡……你道是天公不可期，人心不可怜，不知皇天也肯从人愿。做甚么三年不见甘霖降？也只为东海曾经孝妇冤。如今轮到你山阳县。这都是官吏每无心正法，使百姓有口难言。"

【勤学好思】　关汉卿与另外其他三人齐名，并称为"元曲四大家"。你能说出其他三人的名字和代表作吗？

庞振坤的灯笼趣事

清朝乾隆年间，河南邓州（即今邓县一带）出了个才子，名叫庞振坤，有"北疆阿凡提，南疆徐文长，中原庞振坤"一说。民间流传着许多庞振坤的机智故事。此人以机智幽默著称，留下不少有趣的传说。

庞振坤小时候跟着叔父过活。一日，庞振坤对叔父说："你老是说我是小毛孩，什么都不懂，咱俩明天一起去邓州城，看看咱们谁认识的人多。”叔父心想他不过是小孩心性，想去玩玩罢了，便答应了。第二天，庞振坤手里提着一个做得非常花哨的灯笼，跟叔父一起进城了。到了城里，庞振坤跟着叔父走街串巷，不论走到哪里，都有不少人惊奇地看他，嘴里还说：“看，庞振坤来了！”庞振坤点点头回答说：“嗯，来了。”起初，他叔父以为大街上人多重了名，就把他领到背巷里转。走不多远碰上一群学生走过来，刚走到眼前，就见学生指着说：“看，庞振坤来了！”庞振坤又说：“嗯，来了。”叔父感到奇怪，又把他领到茶馆里。庞振坤一跨进门，几个老学究就说道：“看，‘庞振坤来了’！”庞振坤小声说：“嗯，来了。”叔父更感到稀奇。

回到家里，叔父问他：“你没进过城，城里人咋都认识你？”庞振坤笑着把手里的灯笼高高举了几下。眼睛不好的叔父凑近一看，见上面写着“庞振坤来了”几个字，这才恍然大悟，哈哈大笑。

后来庞振坤长大成名，又一次用灯笼戏弄了贪婪无理的州官。一天晚上，庞振坤打着灯笼上街，突然被几个衙役抓到州府的大堂上，说他犯了杀头之罪。庞振坤笑着问：“我走在街上，何罪之有？”州官指着灯笼上的“我是天子”四个大字说：“庞振坤，你胆敢自称‘天子’，这还了得！”庞振坤指着灯笼说：“大人，请你细心地再往下看。”州官凑近灯笼一看，原来“我是天子”后面还有“一小民”三个蝇头小字。一时下不了台阶的州官，只好继续官腔下去：“为啥‘我是天子’写得那么大，‘一小民’写得那么小？你故弄玄虚，也该治罪。”

庞振坤笑道：“不是我的字写得小，是你只看见‘天子’，看不见‘小民’。你想想，我这个小民怎么能和天子一般大呢？大人，你敢在灯笼上把你的名字写得和天子两字一样大，到京城走一趟吗？”州官被他这一问，无言以对，虽心里不服气，但也只好放了庞振坤。

【文海拾贝】 庞振坤和几个朋友进京，见到一家饭店门外的牌子上写着“明天吃饭不要钱”。大家也跑累了，就一同住店歇息。谁知第二天，店老板照样来要饭钱。庞振坤问：“牌子上不是写着‘明天吃饭不要钱’吗”？老板说：“是呀！明天不要钱，今天怎么不要？”大家听了，知道店老板玩的是骗人的把戏，都不愿继续住下去了。庞振坤却说：“不妨再住几天，饭钱我全包了。”第三天，店老板来结账，庞振坤说：“急什么，我们还要住下去，明天再给吧！”十多天过去了，天天如此，老板沉不住气了，焦急地问：“你总说明天给钱，到底哪天才给呢？”庞振坤不紧不慢地说：“门口不是写着‘明天吃饭不要钱’吗？我们就等着这一天哩！”

【勤学好思】　庞振坤所在的村子里有个财主，仗势欺人，盘剥农户。他这年要过六十大寿，便叫家丁通知各佃户，寿辰那天送的礼越重越好。佃户们大多一贫如洗，又气又愁，找庞振坤想办法，庞振坤为佃户们支了一个妙招，将财主气得七窍生烟却不得发作，你猜猜是什么妙招？

施耐庵借贼写时迁

中国古典四大名著之一《水浒传》的作者施耐庵也颇具英雄气概，他平素最痛恨偷鸡摸狗的小人，因而他在最初写《水浒》里的时迁时，曾把这个绰号叫鼓上蚤的地贼星，写得既可恶，又没甚武艺，后来虽经多次苦心修改，都不能让自己满意。

一日，他正坐在窗下苦思冥想构思人物，两眼盯着窗外的芦花母鸡出神，此时忽然有个人影从门口一闪，老母鸡便消失无踪。施耐庵心中十分纳闷，不曾看见人偷，鸡却凭空消失，十分蹊跷！他急忙跑出门一望，看见了附近的李三鬼鬼祟祟。他随即高呼一声，俗话说：做贼心虚，李三听见施耐庵喊他，吓得“扑通”往地上一跪，乖乖地从布口袋里把鸡拿了出来，连声求饶。施耐庵素来知道李三是个硬汉，有些本领，便问他为什么偷鸡。李三吐露心事，家里有九十岁的老母，双目失明，家中已多日无米下锅了。

施耐庵闻言十分同情，连忙叫妻子盛饭给李三，说：“我有二两银子用红布包了放在房间里的屋梁上，你今晚如能偷到，偷鸡的事我便不再计较，银子也送给你，不过今后不可再干这种营生了。”李三一听忙说：“请先生放心，我今生再也不干这偷窃之事了，我绝不会来偷先生的银子的。”李三不知，施耐庵是别有用意，原来施耐庵正写到时迁盗徐宁的传家宝，写来写去都不满意，他宁愿用二两银子买个见识，便对李三说：“我早听说你是条硬汉，今儿一定要露一手给我看看，不然我即刻送你去官府。”李三不敢再违拗，只好应承下来。到了晚上，施耐庵把房门和窗户关得严严实实的，睡在床上灯也不熄，两眼死盯住梁上的红布包，而此时李三已躲在房间里的衣柜后头。施耐庵先听到几声老鼠叫，又见李三像只跳蚤似的往梁上一蹿，把银子偷走了，空红布包仍悬在梁上。

施耐庵第二天大早，又派人送了二斗米到李三家。传说此事过后，施耐庵便把《水浒》中有关时迁的章节全部撕掉，重新下笔，以李三为原型塑造了“鼓上蚤”时迁的鲜活形象。

【文海拾贝】 元末明初的小说家施耐庵，一面教书，一面根据元人话本《张叔夜擒贼》写作《江湖豪客传》。几年后，施耐庵完成了此书的创作，他对书中大部分情节感到满意，只是觉得书名欠佳。当时他的学生罗贯中建议他把书名改为《水浒传》。施耐庵一听，非常高兴，连声说：“好，好！这个书名太好了！水浒即水边的意思，有在野的含义，且合《诗经》里‘古公亶父，来朝走马，率西水浒，至于岐下’的典故，妙哉！”于是，一部伟大的古典名著的书名因此确定下来。

【勤学好思】 《水浒传》的作者历来有许多争议，究竟是施耐庵还是罗贯中，抑或二人合著，说法不一。你读过《水浒传》与《三国演义》后，比较一下两部文学巨著的特点与风格，说不定也会得出自己独到的见解。

聊斋先生讽昏世

齐鲁大地，泉水众多，其中有一处声名远播的泉眼——柳泉，与清代一位著名的短篇小说家息息相关。柳泉是我国古典小说《聊斋志异》作者蒲松龄故居的名泉，传说蒲松龄曾在茅亭上设茶待客，听取乡夫野老谈狐说鬼，以写《聊斋志异》。

蒲松龄出生于一个败落的地主家庭，虽为书香世家，但功名不显。蒲松龄一生热衷科举，却不得志，19 岁时曾以县、府、道三个第一考取秀才，也颇有文名，但以后却屡试不中，直到年逾花甲之时才补了一个岁贡生。他在年近半百时的一次乡试中，因答卷越幅而被革除资格。从此，他将仕途举业之心“决然舍去”，“而一肆力于古文，奋发砥淬，与日俱新”。他把主要精力用于著述，将对当时社会的黑暗、贪官污吏的罪恶、人民生活的苦难以及对美好生活的向往和追求，完全倾注于他的文学作品中，共完成《聊斋志异》《聊斋文集》《聊斋诗集》《聊斋俚曲》，还有婚嫁全书、省身语录、帝京景物略、怀刑录、日用俗字、观象玩占、农桑经等十余种著述。

《聊斋志异》是蒲松龄一生的代表作，其素材大多来自民间传说。蒲松龄自号柳泉居士，白天在私塾绰然堂教书；夏日休馆，便在柳泉背后的茅亭中设桌凳，以柳泉之水沏香茗，招待过往行人。古代这一带是通往济南的官道，行旅频繁。人们在歇脚饮茶之时，蒲松龄就问长问短，请行人讲述各地的风俗人情、乡传异事以及各种新奇的鬼怪神话故事。蒲松龄说自己：“才非干宝，雅爱搜神，情类黄州，喜人谈鬼。闻则命笔，遂以成编。久之，四方同人，又以邮筒相寄，因而物以好聚，所积益伙。”春去秋来，持续20多年，他采风撰写的故事，终于汇编成了“写鬼写妖高人一等，刺贪刺虐入骨三分”的不朽小说《聊斋志异》。

《聊斋志异》是一部大胆揭露封建社会黑暗，并给予严厉批判和辛辣嘲讽的作品。书中通过花妖狐魅的故事，暴露出封建社会贪官污吏的贪婪、谄佞、昏庸、无耻，控诉了他们欺压剥削人民的罪行，同时对科举制度的弊端和黑暗也进行了有力的鞭挞。

【文海拾贝】 《聊斋志异》中描写爱情的最优美的篇章应该就算《香玉》了。蒲松龄以下清宫为背景，描写了一个住在宫中的胶州书生黄生与宫中的白牡丹花仙香玉恋爱的故事。牡丹枯死后，黄生日日啼哭，他的真情感动了花神，使香玉复活。同时小说中还描写了由宫中耐冬树仙变幻的另一仙女绛雪见义勇为的高尚品格。黄生最终入山不回，和香玉过着美满的幸福生活，死后自己也化身成为牡丹。蒲松龄在文末赞叹道：“情之至者，鬼神可通。”

《崂山道士》则是其中具有现实主义特点的佳作。通过王七到崂山学道，不想吃苦就想得到“法术”，结果栽了跟头，讽刺了投机取巧的世人，寓意深刻。蒲松龄在篇后说：“闻此事，未有不大笑者。而不知世之为王生者，正复不少。”

【勤学好思】 中国有许多志人志怪小说，其中干宝的《搜神记》也非常有名，比较一下《搜神记》与《聊斋志异》的作品，说出二者之间的异同。

各显奇招刻苦读书

苏秦是战国时代著名的谋略家，他早年读了不少书，自认为很有本事，便向各国君主推介自己的政治主张，却屡屡碰壁。失意潦倒的苏秦回家后，亲人都认为他没出息，对他十分冷淡。苏秦发誓从此要发奋苦读，充实自己。他孜孜不倦，日夜钻研，每到深夜疲乏欲睡时，就用锥子猛刺自己的大腿，让剧烈的疼痛驱走睡意，振作精神。后来，他终于学有所成，得到六国君主重用，担任六国相国！汉朝时的孙敬，为了驱走深夜困意，在房梁上拴了一根绳，将自己的头发缚于绳上，只要一打瞌睡，低头时绳索紧拽头发，痛意袭来，困意即消。“头悬梁，锥刺骨”，不仅古代文人苦学的事例多，近现代也不胜枚举。

我国著名教育学家蔡元培先生的书斋里有一条字幅："都无做官意，唯有读书声。"这两句话真实地道出了先生勤奋治学、刻苦读书的状况。夏季酷暑难耐，蚊虫滋生，为了集中精力，避免蚊虫叮咬，专心读书，他把两脚伸进桌下一个大空口坛子里，留下了"空坛驱蚊法"的苦读美谈。

经典作品《金粉世家》与《啼笑姻缘》的作者张恨水先生是我国著名的现代作家。早在17岁时他便已熟读《三国演义》《红楼梦》等几百种古代经典作品和大量唐宋诗词。张恨水勤奋苦读也有妙法，与蔡元培先生异曲同工，即"水桶驱蚊法"。夏夜读书时，他把自己的双腿伸进桌底下盛满清水的大木桶里以避免蚊虫叮咬。

著名将领冯玉祥出生于一个行伍之家，为了挣到每月三两三钱的饷银，他十二岁就扛枪当兵。兵营操练集训紧张异常，但冯玉祥不顾疲劳，抓紧空余时间自学。为了在夜间读书不影响他人睡觉，他找来一只大木箱，上面开个口，把油灯放在其中，读书时把头伸进木箱就灯读，一读就是几个小时，脸熏黑了，眼睛也熬红了，却毫不在意。

中国经济学家王亚南，曾留学日本、德国，历任中山大学、厦门大学、清华大学教授。他自小便胸有大志，酷爱读书。就读中学时，特意把自己睡的木板床的一个脚锯短半尺，成为三脚床。每天读书到深夜，疲劳困乏时上床去休息片刻，迷糊中一翻身，床向短脚方向倾斜过去，便会一下子惊醒过来，随即立刻下床，伏案夜读。天天如此，从未间断，后来终于成为我国杰出的经济学家。

【文海拾贝】 汉朝匡衡，因家贫无钱买灯油，便在自家墙壁上凿一小洞，借邻居家的灯光夜读，称之为"借光"。

晋代车胤，夏日捉几十只萤火虫，缝于薄纱布中，借萤火夜读，孜孜不倦，称之为"囊萤"。

晋朝孙康，冬夜常不畏严寒，蹲在雪地中，借着积雪映出的微光专心读书，称之为"映雪"。

汉代朱买臣，靠卖柴维持生计，常常一面背着柴火，一面读书，称之为"负薪"。

【勤学好思】 成语"韦编三绝"也是源于春秋时一位圣人苦读经书的典故，你知道此人是谁吗？说一下这个成语的来历和喻义吧。

一代文豪鲁迅先生

鲁迅是中国伟大的思想家、革命家、文学家，其代表作品有《狂人日记》《阿Q正传》《祝福》《药》等。

鲁迅先生非常珍惜时间，他的整个一生都在与时间赛跑。他说："时间，就像海绵里的水，只要你挤，总还是有的。"时间对任何人都是公平的。有志者，勤奋者，善于去挣，去挤；不去挣，不去挤，它就没有。

鲁迅正是善于挤时间、支配时间的勤奋者。他一生多病，工作条件和生活条件都不好，但他每天都要工作到深夜。第二天起床后，有时连饭也顾不得吃，又开始工作，一直到吃晚饭时才走出自己的工作室。实在困了，就和衣躺到床上打个盹，醒后泡一碗浓茶，抽一支烟，又继续写作。鲁迅习惯以各种形式鞭策自己珍惜时间，在鲁迅的卧室墙上挂着勉励自己珍惜时间的对联及最崇敬的人。鲁迅曾说："美国人说，时间就是金钱，但我想，时间就是生命，无端空耗别人的时间，其实无异于谋财害命的，浪费自己的时间等于慢性自杀。"鲁迅最讨厌那些"成天东家跑跑，西家坐坐，说长道短的人"。

鲁迅先生也是一个十分风趣的人，他反应机敏，在他身上也发生过许多趣事。一天，鲁迅穿着一件破旧的衣服去理发。理发师十分势利，见他穿着随便，便不太在意，随随便便地给他剪了头发。理过发后，鲁迅从口袋里胡乱抓了一把钱交给理发师，便头也不回地走了。理发师仔细一数，发现多给了他好多钱，喜不自胜，以为鲁迅先生其实是个低调的有钱人。一个多月后，鲁迅又来理发了。理发师认出他就是上回多给了钱的顾客，因此对他十分客气，很小心地给他理发，还一直询问他的意见，直到鲁迅感到满意为止。理完付钱时，鲁迅很认真地把钱数了又数，一个铜板也不多给。理发师十分不解，便问他为什么。鲁迅笑着说："上回你胡乱地给我剪头发，我就胡乱地付钱给你；这次你很认真地给我剪，所以我就很认真地付钱给你！"理发师听了觉得十分惭愧，连忙向鲁迅道歉。

【文海拾贝】　鲁迅少年时在私塾读书。那时先生教书只是让学生死记硬背，不讲解大意。鲁迅对于这种读书法深恶痛绝，他认为读书不应只是口到——读和背，还需眼到——看清字的笔画，掌握字的写法，更为重要的是要心到——专心致志，力求其意。因此，他亲手制作了一张别致的书签，上面写着"心到，口到，眼到，读书三到"十个清秀工整的毛笔字，夹在书中，当做自己读书时遵循的原则，并且身体力行。

【勤学好思】 鲁迅先生在他的作品中刻画了许多“哀其不幸，怒其不争”的可怜小人物，你印象最深的是哪一个呢？鲁迅的小说中你最喜欢哪一部？说出它的思想内涵。

齐白石画好诗亦真

著名画家齐白石在谈到自己的艺术成就时，说过一句令人惊讶和引起争论的话：“我的诗第一，印第二，字第三，画第四。”白石此说也非完全虚伪矫情或作秀卖乖。他曾真诚地表示对徐渭、八大山人和吴昌硕的佩服，作诗说：“我欲九原为走狗，三家门下转轮来。”

与在画界的谦卑态度截然相反，齐白石对自己的诗词艺术天赋相当自信、自负和自豪。他小时候因家贫，只念过短时间的私塾，但依靠阅读背诵古诗，逐渐领悟了诗词写作的奥秘，年纪稍长便能跟朋友唱和。齐白石20多岁拜乡贤胡沁园、陈少蕃为师，30多岁拜湖南名士王湘绮为师。在一个文人墨客的雅集场合中，初出茅庐的齐白石即以一首七绝《咏牡丹》鹤立鸡群，令众人刮目相看——“莫羡牡丹称富贵，却输梨橘有余甘”。当时已经誉满大江南北的著名诗人樊樊山在为白石诗集作序时，褒奖他的诗“意中有意，味外有味”，确是切中肯綮的精辟评价。白石五言诗《题棉花图》就是典型的大手笔——“花开天下暖，花落天下寒”。恰似他的写意画，寥寥数笔，却意味无穷。

73岁时，白石回乡省亲祭祖，联想起乌鸦能返哺养老而自己未能恪尽孝道，生出无限感慨：“乌鸟私情，未供一饱。哀哀父母，欲养不存。”白石作诗并不局限于身边琐事。目睹社会黑暗和官场腐败，诗人予以无情揭露和辛辣讽刺，他在《不倒翁》中写道：“乌纱白扇俨然官，不倒原来泥半团。将汝忽然来打碎，通身何处有心肝?!”国难当头、民族危亡的时刻，齐白石大义凛然，葆守气节，坚决不与侵略者合作，宣布“画不卖予官家”、“停止卖画”，用诗抒发心头的忧愤：“对君斯册感当年，撞破金瓯国可怜。灯下再三挥泪看，中华无此整山川。”

白石晚年在《自述》中认真分析检讨了自己“诗艺有成”的原因：“朋友的文化底蕴比我高深，但他们心存科举功名，学作的是试帖诗，虽然工稳妥帖，用典用韵讲究，但毕竟拘泥板滞，不见生气。我作诗不为功利，反对死板无生气的东西，讲究灵性，陶冶性情、歌咏自然。所以，他们不见得比我写得好。”

然而，白石的上述理论，并不被当时的所谓正统人士承认和接受。面对许多批评苛责，宽厚谦让的齐白石从来都是虚怀若谷，一笑置之。他曾作《棕树》诗表明自己的态度，也不客气地回敬那些“酷评家”——“任君无厌千回剥，转觉临风遍体轻”。

【文海拾贝】　齐白石的许多诗中，常常蕴涵着醇厚浓郁的乡土气息和新鲜草木庄稼般沁人心脾的芬芳。比如描绘昔日贫穷而温馨的乡村生活——“满丘芋芳暮秋凉，当得贫家谷一仓。到老莫嫌风味薄，自煨牛粪火炉香”。再如“星塘一带杏花风，黄犊出栏西复东”、“灯盏无油何害事，自烧松火读唐诗”，等等，都令读者有置身自然、亲临其境之感。

幽默风趣也是白石诗词的一大特色。他善于在极平常普通的生活中捕捉妙趣盎然的镜头，他在《题小儿放学图》中描绘：“当真苦事要儿为，日日提箩阿母催。学得人间夫婿步，出如茧足返如飞。”

【勤学好思】　艺术都是相通的，诗中有画，画中有诗，诗画更能相得益彰。找出一些名人的题画诗，体会一下诗画相融的妙处吧。

林语堂的教课趣闻

林语堂在东吴大学法学院教授英文课时，开学第一天，上课钟打了好一会儿他还没有来，学生引颈翘首，望眼欲穿。林先生终于来了，夹了一个皮包，包里装得鼓鼓的。学生们满以为林先生带了一包有关讲课的资料，兴许他是为找资料而迟到的。谁知，他登上讲台后，不慌不忙地打开皮包，只见里面竟是满满一包带壳的花生。

他将花生分送给学生享用，课堂变成了茶馆。但学生们并不敢真的吃，只是望着他，不知他葫芦里到底卖的什么药。林先生开始讲课，操一口简洁流畅的英语，开宗明义，大讲其吃花生之道。他说：“吃花生必吃带壳的，一切味道与风趣，全在剥壳。剥壳愈有劲，花生米愈有味道。”说到这里，他将话锋一转，说道：“花生米又叫长生果。诸君第一天上课，请吃我的长生果。祝诸君长生不老！以后我上课不点名，愿诸君吃了长生果，更有长性子，不要逃学，则幸甚幸甚，三生有幸。”学生们哄堂大笑。林语堂微笑着招呼学生：“请吃！请吃！”教室里响起了剥花生壳的声音。下课铃响，林语堂宣布下课，夹起皮包飘然而去。

林语堂痛恨上课点名，但他的学生却从不缺课。他上课时，教室里总是座无虚席，甚至连别班别校的学生，也会赶来旁听。林语堂还有一种绝活，就是“相面打分”，他的英文课从不举行任何形式的考试。每当学期结束前，要评定学生的成绩了，他便坐在讲台上，拿一本学生名册，轮流唱名，学生依次站起，他则像一个相面先生一样，略微朝站起的学生一相，就定下分数。难得有几位他吃不准、心中没十分把握，便略微谈上几句，便测知端详，然后定分。据他的学生们回忆，林语堂“相面”打下的分数，其公正程度，远超过一般以笔试命题计分的方法，同学们心中无不服帖。

林语堂平生演讲无数次，总是伴随着喝彩声、鼓掌声，可是，有一次演讲却被人“轰”下台去。这也许是他一生中唯一的一次，却并不是因为他演讲的失败。世界笔会第36届年会在法国蒙敦举行。轮到林语堂发言，他向主席要求讲15分钟，但主席生硬地拒绝了，说别人发言都是5分钟，不可破例。林语堂也较真说，5分钟我不讲。这可急坏了同去的马星野，马星野去找大会主席商量恳请，主席终于答应10分钟；马星野又去找大会秘书长，秘书长答应说先安排10分钟，如果林语堂讲满10分钟尚未结束发言，则仍可讲下去。林语堂接受了这个安排。

林语堂登台后，全场鸦雀无声，他讲得也很投入。不知不觉，已满10分钟，主席说时间已到，请林结束发言。林语堂真正发怒了，他愤而不讲，径直走下台。与会者正听得入神，对主席的粗暴处置极不满，于是一致热烈鼓掌，希望林语堂讲下去。主席也显得很尴尬，只得默认了与会者的欢迎。但林语堂却说什么也不肯再讲下去了。于是，永远地留下了这次半截子的精彩演讲。

【文海拾贝】 林语堂曾在巴西的一个集会上演说了一个轰动世界的笑话。他说：“世界大同的理想生活，就是住在英国的乡村，屋子里安装有美国的水电煤气管子，有个中国厨子，有个日本太太……”

【勤学好思】 林语堂有一部小说，被称之为“当代红楼”，你知道是哪本书吗？说出这本书中的人物与《红楼梦》人物之间的联系。

兴趣广泛的少年茅盾

茅盾原名沈德鸿，字雁冰，著名作家、政治活动家。茅盾一生创作了大量的文学作品，具有很高的艺术成就。主要作品有：长篇小说《蚀》《虹》《子夜》《第一阶段的故事》《腐蚀》《霜叶红似二月花》；中篇小说《路》《三人行》；短篇小说《春蚕》《秋收》《残冬》《林家铺子》等。其代表作

《子夜》，是中国现代现实主义文学发展史的里程碑，显示了现代文学在长篇小说创作方面的实绩。此外，他还著有大量文学评论、神话研究、散文、杂文、历史故事等。下面主要讲讲茅盾小时候的故事。

少年时代的茅盾兴趣爱好十分广泛，尤其爱看“闲书”。一次放学回家，他在杂物房里找到一部木板刻印的《西游记》。尽管这部书已经十分破旧，有的章节字迹都已模糊成一片，无法辨识，可是，他一拿到书就爱不释手，拣那些可以看的章节津津有味地读起来。茅盾的父母对此并未阻止，还找来一部石印的《后西游记》给他，并给他讲《西游记》中的故事，与他谈论书中人物的功过是非。父母谆谆教导他，看小说不能只拣插图有趣的回合看，而要细心琢磨，把文理看通，使文学水平有所长进。茅盾读高小以后，读小说的兴趣更浓了，他利用课余时间，广泛涉猎，熟读了《三国演义》《水浒》《儒林外史》《聊斋志异》等古典文学名著，这为他后来研究古典文学和进行创作打下了良好的基础。

也许是受旧小说中那些精美插图的感染吧，少年时的茅盾十分喜欢绘画和篆刻。他学绘画不仅认真临摹《芥子园画谱》，练好基本功，而且讲求变化和创新。他自己用伞骨自制篆刻用的刻字刀，他的母亲找来好几本不同的画谱，让他细细揣摩，博采众长，画出新意。除了看小说、绘画、篆刻、唱歌，茅盾还进行农事观察。每年养蚕时节，茅盾就特别兴奋，放学后就围着母亲问这问那。母亲就叫儿子拿蚕具、喂桑叶，引导他细心观察蚕儿从“收蚁”到“上蔟”整个生长过程的变化情况。茅盾后来创作的小说《春蚕》中运用的养蚕知识，就是这个时期积累起来的。直到晚年，茅盾还深情地说：“我童年时最有兴趣的事，现在回忆起来宛在眼前的，就是养蚕。”

【文海拾贝】

1927年8月，沈雁冰遭蒋介石政府通缉，不能用真名发表作品，在完成《幻灭》的写作后，署名“矛盾”投寄《小说月报》。取“矛盾”这个名字，是因为他看到了生活中和思想上的诸多矛盾。代理《小说月报》编务的叶圣陶先生觉得“矛盾”二字一看便是假名，怕引起政府注意，惹出麻烦，便在“矛”字上加了一个草头。此后，茅盾变成了沈雁冰的笔名。

【勤学好思】　鲁迅先生有句名诗：俯首甘为孺子牛。郭沫若与茅盾对鲁迅先生的“孺子牛”精神都十分钦佩，曾分别说了一句十分有趣的话，表现了文学名家虚怀若谷的高尚品质，你知道他们是如何说的吗？

风趣幽默的萧伯纳

萧伯纳是英国现代杰出的现实主义戏剧作家，世界著名的擅长幽默与讽刺的语言大师。萧伯纳在一次晚会上坐在一旁想着心事。一个富翁对他的沉思很好奇，走过去对萧伯纳说："萧伯纳先生，我出一英镑想打听您在想什么，行吗?"萧伯纳抬头看了一眼富翁，稍加思索后说："我现在想的东西不值一英镑。"富翁更加好奇了："那么，您现在究竟在想什么呢?"萧伯纳笑了笑说道："我想的东西就是您呀!"

一天，瘦削的萧伯纳碰到一位大腹便便的商人，商人讥讽道："看见你，人们会以为英国发生了饥荒!"萧伯纳回击道："看见你，人们就会明白饥荒的原因。"

有一次，一个鞋油厂的老板，想了一个发财的鬼点子，他请求萧伯纳，允许他用萧伯纳的名字作为一种新鞋油的名称。老板对萧伯纳说："如果你同意这样办，世界上千百万人都会知道你的大名了。"萧伯纳道："不，也有例外。"老板愣住了。萧伯纳接着说："你忘了没鞋穿的人哪!"

有一天，英国文学家萧伯纳接到一位小姑娘给他的信，信中说："您是一位使我最折服的作家。为了表达我对您的敬仰，我打算用您的名字来命名我的小狮子狗。它是我过生日时亲戚们送给我的。不知尊意如何?"萧伯纳回信说："亲爱的孩子，读了你的信，颇觉风趣盎然，我赞同你的打算。但是，最主要的一点，你务必和小狮子狗商量一番!"

一次，萧伯纳在一家旧书店翻看削价处理的书，猛然看到了他的一本剧作集，而且该书的扉页下方有他给一位朋友的亲笔题赠的"乔治·萧伯纳敬赠"的字样。他当即买下这本书，在题赠下写道"乔治·萧伯纳再次敬赠"，然后将此书又寄回给那位朋友。

还有一天，萧伯纳在街上散步。突然一位冒失的摩托车骑士驾车闯了过来，猛地把萧伯纳撞倒在地。骑士赶忙下车把萧伯纳扶了起来，并连忙向萧伯纳道歉。幸好萧伯纳没有受伤，他对着骑士微微一笑说："我觉得很遗憾，您太不幸了，假如您把我撞死了，明天您就能成为闻名天下的摩托车骑士了。"

萧伯纳曾经因脊椎骨有毛病，需要从脚跟上截一块骨头来补脊椎的缺损。手术做完以后，医生想多捞点手术费，便说："萧伯纳先生，这是我们从来没做过的新手术啊!”萧伯纳笑道:“这好极了，请问你打算付我多少试验费呢?”

【文海拾贝】 萧伯纳的戏剧最突出的特点是紧密结合现实政治斗争，敢于触及资本主义社会最本质的问题，把剥削阶级的丑恶嘴脸暴露在公众面前。他善于通过人物对话和思想感情交锋来表现性格冲突，其戏剧性语言尖锐泼辣，充满机智，妙语警句脱口而出。他的最著名的剧作有:《鳏夫的房产》《华伦夫人的职业》《武器与人》《真相毕露》等。

【勤学好思】 萧伯纳有一个非常著名的苹果论，你能表述一下这一富有深意的理论吗?

歌德与子讲人生

19世纪后期德国文艺界“狂飙”运动的领袖歌德是举世闻名的诗人和作家，其杰出代表作《浮士德》《少年维特之烦恼》，是世界文坛璀璨的明珠。

一次偶然的机会，歌德发现儿子在自己的笔记本里摘引了别人写的一段小诗:“人生，在这里有两分半钟的时间，一分钟微笑，一分钟叹息，半分钟爱，因为在爱的这半分钟时间内死去了。”

歌德细细品味儿子摘抄的这段诗，随即联想到儿子平时慵懒散漫、无心学习的状况，心中十分担忧。他想，一个年轻而涉世未深的孩子如果对人生抱有这种玩世不恭的态度，后果将不堪设想。思及此处，他提笔在这段小诗后写道:“一个钟头有六十分钟，一天就超过了一千分钟。懂得这一道理，人就有许多时间学习、贡献。”随后，他把儿子叫到身边，让儿子看过这段话，然后语重心长地说:“把人生只当作两分半钟，嬉戏人生，就只会碌碌无为，虚度光阴，最终一无所获。然而，如果真正以每一分钟作为时间单位来规划自己的人生，争分夺秒地学习、工作和创造，那就会成为世界上十分富有的人，就可以比那些用年、月、日来计算人生的人，多做许多事，多收获许多。”

儿子听了父亲的忠告，受益匪浅。他把父亲写的话抄在笔记本的首页，作为时时刻刻鞭策自己的座右铭，鼓励自己不要懈怠，抓住点点滴滴的时光耕耘自己的人生。

【文海拾贝】 诗剧《浮士德》是歌德的杰出代表作，取材于民间传说，由两个赌赛和五个阶段的探索组成。诗剧刻画了主人公浮士德这一欧洲资产阶级先进知识分子的典型形象，以诗的语言叙述了他自强不息、勇于实践、追求真理的一生。其伟大的探索精神充分表现了新兴资产阶级不满现状、积极进取，试图摆脱中世纪愚昧状态，改造社会、创建理想的资产阶级国家的坚强意志和启蒙思想。

《浮士德》不仅内容丰富，主题深刻，而且具有很高的艺术成就，是歌德一生艺术实践的结晶，也是世界文学宝库中的瑰宝。它与荷马的史诗《伊利亚特》、但丁的《神曲》、莎士比亚的《哈姆莱特》并驾齐驱，被誉为欧洲文学四大名著之一。

【勤学好思】 歌德有一次在公园散步，在一条小道上与一个曾经攻击过他的政客不期而遇，狭路相逢。对方满怀敌意地说："我从来不给傻瓜让路。"歌德不假思索地立即回答了一句话，说完优雅地侧过身子。歌德以其机敏的反应和巧妙的回敬，化解了一场僵持不下的冲突。你知道他是怎么说的吗？

戏剧之王莎士比亚

欧洲文艺复兴是一个产生巨人的时代，莎士比亚便是这一时期应运而生的伟大巨人之一，马克思曾经称莎士比亚为"人类最伟大的戏剧天才"。

1564 年 4 月 23 日，莎士比亚出生在英国中部埃文河上的斯特拉特福镇一个富裕的市民家庭。家道败落后，他曾在屠宰场做过学徒工，做过书童，当过律师的书记员，也曾在当地学校做过教师助手和小学生的家庭教师。在他 22 岁时，跟随一个戏班来到了伦敦。最初几年，他生活十分艰苦，在剧院打杂，从事最下等的工作。后来，做过一阵招呼演员登场的工作，由于他头脑灵活，口齿伶俐，偶尔会在剧场跑跑龙套或为演员提提词。后来他又随剧团到各地巡回演出，扮演过剧中的配角，慢慢成为剧团的重要演员，与另一男主角并称为"双子星座"。

一个关于莎士比亚喝啤酒的传说，至今仍在他的家乡斯特拉特福广为流传。青少年时代的莎士比亚喜欢喝酒，尤其是啤酒，也喜欢和别人赛酒，自诩酒量惊人。一次，他听说斯特拉特福附近的毕得佛小镇上的人都很能喝啤酒，就跑去要和他们一较高下。他问毕得佛镇上的一个路人："你们镇上会喝酒的人都在哪儿？"路人打量了他一下，冷淡地说："会喝酒的都不在，只有能啜酒的。"结果，那个轻量级的"啜酒者"便使莎士比亚一败涂地。莎士比亚喝得头昏脑胀、步履蹒跚地离开了毕得佛镇，途中，他醉倒在路旁一株枝叶茂盛的酸苹果树下，后来这株树被称为"莎士比亚的天篷"。

莎士比亚后来担任编剧时，最初是与人合作改编旧剧本，不久便开始了独立的艺术创作，最后成为伦敦最大的“寰球剧院”的股东。1616 年 4 月，爱饮酒的莎士比亚在与好友欢饮时一时贪杯，之后竟一病不起，溘然长逝。

莎士比亚一生著作丰富，留存至今的共有 37 部戏剧、2 部长篇叙事诗和 154 首十四行诗，还有些杂诗。莎士比亚的戏剧结构严谨，情节丰富绚丽，人物丰满，性格鲜明。他的戏剧语汇极为丰富，据说用词达到 17000 个。他善于把文学语言和民间语言巧妙地结合在一起，生动精炼，第一个打破了悲剧与喜剧的界限，“使崇高和卑贱、恐怖和滑稽、豪迈和诙谐离奇古怪地混合在一起”。

【文海拾贝】　莎士比亚剧作台词摘选：

“人类是一件多么了不起的杰作！”

“多么高贵的理性！多么伟大的力量！多么优美的仪表！多么文雅的举动！在行为上多么像一个天使！在智慧上多么像一个天神！宇宙的精华！万物的灵长！”

“金子！黄黄的、发光的、宝贵的金子！这东西，只这一点点儿，就可以使黑的变成白的，丑的变成美的，错的变成对的，卑贱变成尊贵，老人变成少年，懦夫变成勇士。”

【勤学好思】　莎士比亚著名的四大悲剧与四大喜剧分别是什么？你最喜欢莎士比亚的哪一部作品？他的戏剧台词有其独特的风格，你能描述一下吗？

为角色哭泣的大仲马

法国著名作家大仲马以一部《基督山伯爵》闻名欧洲，他身上还发生过许多趣事。

有一天，大仲马的一位好友、一家文报的主编前来拜访他，看见他正独自坐在书桌上，双手抚摸着稿纸，低声抽泣。朋友就坐在一旁的沙发上默默地等，由于不知道大仲马悲泣的原因，所以也不便劝解，只能以沉默代言。可等了好长一段时间，仍不见大仲马的情绪有所好转，便决定出言劝劝自己的好友。他轻轻拍了拍大仲马的肩膀，关切地问：“亲爱的，到底发生了什么事，令你如此伤心？”

大仲马回头一看，才发现是好友来访，便把事情的原委述说了一遍。原来，大仲马正在创作一篇小说《三个火枪手》，到了小说末尾，由于故事情节发展的需要，其中的一个火枪手必须在大仲马笔下死去。可是大仲马特别喜欢这个人物，想试图改变这个人物的命运，然而却无法做到。他一想到自己钟爱的英雄人物将被自己的笔杀死，而自己对此又无能为力时，就不由得伤心起来，悲到极致便泪如倾盆雨。

他的朋友听了他的诉说后，笑着对大仲马说："我的朋友，你从我刚进门就一直哭泣，你可知我来了多久了？"

这时，大仲马的一个仆人刚好从门口经过，听了这话也笑了，说道："先生，您不过来了一小时，而主人却已经哭了好几个小时啦！"

只有感动自己，才能感动世界。大仲马为自己笔下的人物付出了汗水，付出了眼泪，赋予了人物真正的灵魂。

【文海拾贝】 虽然大仲马留下了一些经典之作，但在法国文学史上，他的地位还不能和巴尔扎克、雨果等文学大师相抗衡。大仲马作品很多，但经过时光的无情淘汰，他的大多数小说都已被人遗忘，目前在世界各地广为流传的只有《基督山伯爵》《三个火枪手》等几部作品。无产阶级文豪高尔基曾称赞《基督山伯爵》是一部"令人精神焕发的书"，虽然同一些伟大作家的作品相比，这部小说还未能更加广泛和深刻地反映社会现实，也无法进入19世纪一流文学的杰作行列，然而，《基督山伯爵》毕竟是全世界通俗小说的扛鼎之作，大仲马也因而被后人美誉为"通俗小说之王"。

【勤学好思】 读一读大仲马的《基督山伯爵》与小仲马的《茶花女》，比较一下两人文学风格的不同特点，记录下你的读书观感。

苦中作乐的巴尔扎克

巴尔扎克是法国现实主义作家的代表，一生共完成了九十本长篇小说，平均每天工作十二小时以上。每天深夜十二点时，仆人就会叫醒他，他穿上白色修道服，奋笔疾书，一般会连续写五六个钟头，直到疲惫不堪才会离桌休息。

巴尔扎克是文学界公认的观察和剖析人性的高手，但在现实生活里，他却不太精明。与大多数文学家一样，他也并非一出世就名扬天下，也曾困顿窘迫、狼狈不堪。他本来是学法律的，可大学毕业后偏偏想当作家，全然不顾父亲的劝告，父子关系势同水火。不久，父亲便不再向他提供任何生活费用，他写的书稿又不断被退回来，他陷入了困境，负债累累。最困难的时候，他甚至只能吃点干面包就白开水，然而他依旧十分乐观，每当就餐，便在桌子上画上一只只盘子，上面写上"香肠"、"火腿"、"奶酪"、"牛排"等字样，然后在想象的欢乐中狼吞虎咽。

一天晚上巴尔扎克醒来，发觉有个小偷正在翻他的抽屉，他不禁哈哈大笑。小偷有些惊慌，问道："你笑什么?"巴尔扎克说："我在白天翻了好久都没找到半毛钱，你在黑夜里还能找到什么?"小偷自讨没趣，转身就要走。巴尔扎克笑着说："请你顺手把门关好。"小偷不耐烦："家徒四壁还关门干什么?"巴尔扎克笑了笑说："我的门不是用来防盗，而是用来挡风的。"更发人深省的是，也正是在这段最为"狼狈"的日子里，他破费七百法郎买了一根镶着玛瑙石的粗大的手杖，并在手杖上刻了一行字："我将粉碎一切障碍。"正是这句气壮山河的名言在支持着他一步步迈向成功的殿堂。巴尔扎克曾自诩要超过拿破仑："他的剑做不到的，我的笔能完成。"他的确做到了，可惜他只活了五十岁，留下许多未完成的作品，成为人类文学史上巨大的损失。

【文海拾贝】 巴尔扎克是19世纪法国伟大的批判现实主义作家，欧洲批判现实主义文学的奠基人和杰出代表，1831年《驴皮记》的出版使其名声大振。巴尔扎克后来决定创作一部鸿篇巨制——《人间喜剧》。1848年，他拟定的"人间喜剧总目录"，包括"风俗研究""哲理研究""分析研究"三大部分，最终完成了91部小说。其中"风俗研究"包括"私人生活场景""外省生活场景""巴黎生活场景""政治生活场景""军队生活场景""乡村生活场景"六部分。《人间喜剧》中最重要的作品有《欧也妮·葛朗台》《高老头》《夏倍上校》《纽沁根银行》等。《人间喜剧》有"社会百科全书"之誉，塑造了两千四百多个人物，一个人物往往在多部小说中出现。巴尔扎克注重具体、详尽的环境描写和细节描写，善于通过人物的言行揭示人物的灵魂，创作中真实地反映了社会生活，揭露了资产阶级的贪婪、掠夺和一切建立在金钱基础上的社会关系。

【勤学好思】 雨果曾为巴尔扎克写过葬词，对其评价颇高。比较雨果与巴尔扎克的作品，找出两人创作风格的不同特点，你更欣赏谁的风格呢?

契诃夫用火柴记妙语

俄国著名作家契诃夫素来以丰富的语言和独特的文笔见长，他平时就十分注意收集生活中的素材，把点点滴滴都记录下来，以备写作之用。

有一天，契诃夫外出游玩。途中，同车的旅客在闲聊时说了一句生动的话，引起了契诃夫的兴趣。他细细地品味着这句话，并想马上记下来。可是，平素从不离身的笔却怎么也找不着。"不行，我一定要想个办法记下来。"契诃夫心里有些着急。正在这时，契诃夫灵机一动，在衣服口袋里四处翻找，然后拿出了一个火柴盒，大家都看着他，不知道他想干什么。结果他只是等着火柴慢慢燃烧，一会儿就又把火柴吹灭了。随后，契诃夫拿起黑色的火柴头，迅速地在他的笔记本上写了起来。大家恍然大悟：原来，他是用火柴杆当笔，迅速地记下了这位旅客的妙语。

灵感源于生活，犹如火花，转瞬即逝。常备一支笔，用心体会生活的一点一滴，让生命充满乐趣。艺术源于生活，素材就在身边，每个人都有写作的冲动和能力，只需抓住一纵即逝的艺术灵感。

契诃夫笔下写了许多流浪汉的故事，他曾亲自到人们了解很少的流放地萨哈林岛（即库页岛）去调查。当时，西伯利亚大铁路还没有修通。到了西伯利亚中部的秋明城，要换乘马车，忍受剧烈颠簸；有时候，还要徒步走过泥泞的道路，渡过湍急的河流。到达萨哈林岛以后，契诃夫对所有的村庄都进行了调查，到每一家访问，和许多人谈话，了解流浪汉和移民的生活情况。这样，他笔下的人物才栩栩如生、真实动人。

【文海拾贝】 契诃夫是一位与法国作家莫泊桑齐名的短篇小说大师，中国学生对他的了解大多是从中学课本中的《变色龙》和《套中人》两篇小说开始的。他截取平凡的日常生活片段，凭借精巧的艺术手法对生活和人物作真实的描绘和刻画，不动声色地展示重要的社会内容。契诃夫的代表作还有《普里希别叶夫中士》《匿名者的故事》《跳来跳去的女人》《哀伤》《苦恼》《万卡》《没意思的故事》，等等。作为俄国19世纪末最后一位杰出的现实主义文学巨匠，契诃夫以对“小人物”命运空前的关注，以对沙皇制度的专横和虚伪的无情揭露赢得了巨大的国际声誉。

【勤学好思】 世界著名的短篇小说大师除了法国的莫泊桑、俄国的契诃夫之外还有一位，代表作有《警察与赞美诗》《麦琪的礼物》，你知道他是谁吗？比较一下三人作品的不同特点。

少年高尔基的甜与苦

1868年俄历三月十六日，阿列克赛·马克西莫维奇·彼什科夫（即马克西姆·高尔基）出生。高尔基五岁时，做木匠的父亲因病去世，于是他寄居在开染坊的外祖父家。幼年的高尔基常常陷入日渐衰微的家庭小私有者们凶狠的争吵斗殴中。后来，破产的外祖父把老房子卖掉，在卡那特街另买了一所房子。他在《童年》一书中曾描绘："这是一条没有铺装、长满了草，然而却很清洁而且安静的街，它穿过两排色彩斑斓的小屋，一直通到田野。新房子比从前那所漂亮、可爱；正面涂着令人感觉温暖恬静的深红的颜色；三个天蓝色的窗扉和一扇带栅栏的顶楼百叶窗鲜亮得耀眼；靠左边的屋顶遮掩着榆树和菩提树的美丽的浓阴。"

在高尔基的童年，曾是织花边女工的外祖母是他"最亲近的人"。不知有多少个夜晚，在这所老木屋里，外祖母常常坐在炕炉沿上，向外孙滔滔不绝地讲述着勇士伊凡和悲哀的强盗母亲等故事。外祖母的疼爱和那些如现实生活一般不幸却又闪烁着善良和理想光芒的童话故事，使过早就饱尝底层生活艰辛的高尔基获得了"坚强的力量以应付困苦的生活"。正如高尔基后来回忆的，"我的头脑里充满了外祖母的童话，就像蜂房里充满甜蜜一样。"正是这些记忆给了高尔基最初的丰润的滋养。

高尔基后来被外祖父送回到莫斯科与母亲、继父一起生活。平日待他很冷淡的母亲将他送进一所最下等的库那之小学念书。由于家境贫寒、衣食无着，高尔基忍受着同学的嘲笑、侮辱以及个别老师的斥责、讥讽，他的内心深处深深厌恶这个"猪的学校"。家中继父也经常打骂他与母亲，最终不堪忍受侮辱的高尔基倔强地离家，开始了艰难的漂泊生活。他到一户富人家做工，因为读书读得入了神，烧水时把茶壶烧坏了。凶狠的女主人抄起一根松木棍，不容分说就朝他身上打来，将他打得遍体鳞伤，不得不请医生来看。医生从他的背上拔出了十二根木刺，非常气愤地支持高尔基去告发。

女主人害怕了，生怕高尔基告她虐待，马上换了一副可怜的面孔说："孩子！只要你不去告发我，你提什么条件我都答应。"高尔基正色言道："只要你允许我在干完活后可以读书，我就不去告发你。"女主人极不情愿地答应了。高尔基以皮肉之苦的代价，换来了多余时间读书的权利。

高尔基与劳动人民同呼吸共命运，亲身经历了资本主义残酷的剥削与压迫。后来，他不仅成为伟大的文学家，而且也成了一位杰出的社会活动家。

【语文之趣】　高尔基旅游时迷了路，晚上走到中国边界一个小村庄里，外面漫天大雪，他冷得受不住了，便去敲农家的门要求住宿。一个老太太在屋里大声问："你是谁啊？"高尔基说："阿历克赛·马克希·莫维奇·彼什科夫！""人太多了！"老太太"嘭"的把刚打开的门关上，干脆地拒绝道。

【勤学好思】　高尔基根据自己的经历创作了"自传体三部曲"，成为世界文学史上不朽的经典，你知道这三部作品分别是什么吗？

马克·吐温的幼年“诡计”

美国著名作家马克·吐温一生共创作了23部作品，其中以他小时候的经历为背景的长篇小说《汤姆·索亚历险记》和《哈克贝利·费恩历险记》成为脍炙人口的文学名著，是世界文学宝库中珍贵的文学遗产。马克·吐温机智幽默，有关他的趣事数不胜数，下面讲一个他小时候的故事。

马克·吐温幼时十分顽皮，一次由于逃课被妈妈罚去刷围墙。围墙又高又长，比他小小的个头还高出许多。他把刷子蘸上白粉浆，刷了几下，感觉如此浩大的工程干起来真是遥遥无期。刷了很久，也只是很小的一片，他十分沮丧，不愿再继续干下去了。正当他歪着脑袋思考怎样摆脱这一枯燥的工作时，他的一个伙伴罗伯特走来了，嘴里正啃着一个甜脆多汁的大苹果，引得马克·吐温口水直流。

突然，他十分认真地刷起墙来，每刷一下都要打量一下效果，活像一个大画家在修改自己得意的作品。“我要去游泳。”罗伯特说，“不过我知道你去不了。你得干活，是吧?”“什么？你说这叫干活?”马克·吐温装出一副很惊讶的表情。“要说这叫干活，那它可以算是最幸福的工作了，哪个小孩能天天刷墙玩呀?”马克·吐温卖力地刷着，嘴里哼着歌，一举一动都显得非常快乐。

罗伯特看得入了迷，连苹果也不那么香甜了。“能不能让我也来刷刷看?”“我不能把活儿交给别人。”马克·吐温拒绝了。“我把苹果给你。”马克·吐温想了半天，终于把刷子交给了罗伯特，自己坐到阴凉处啃起苹果来，看罗伯特为这得来不易的权利卖力地刷着。一个又一个男孩子从这里经过，原本高高兴兴地想去度周末，但他们都被刷墙吸引住了，个个都想留下来试试。马克·吐温为此收到了不少交换物：一只三脚猫，一个玻璃球，一个石头子，还有四块橘子皮。

在马克·吐温身上还有一件奇特的事呢。1835年，马克·吐温诞生时，天上出现了哈雷彗星。此星每75年出现一次。马克·吐温希望在自己临终之前，能再次见到这颗彗星。你猜怎样，他的愿望真的实现了！

【语文之趣】 马克·吐温有一次坐火车到一所大学演讲。因为离开讲的时间越来越近，他心急如焚，而火车却开得很慢。当列车员过来查票时，马克·吐温递给他一张儿童票。列车员故意仔细打量，说：“真有意思，看不出您还是个孩子哩。”马克·吐温回答：“我现在已经不是孩子了，但我买火车票时还是孩子，火车开得实在太慢了。”

【勤学好思】　一年的愚人节，不知什么人搞了个恶作剧，在纽约一家报纸上刊登了一条马克·吐温的讣告。结果，马克·吐温的亲戚朋友从全国各地纷纷赶来参加葬礼，当他们来到马克·吐温家中，发现他安然无恙。亲友们先是一惊，随后都齐声谴责那家不负责任的报社。马克·吐温笑了笑，用一句话引得大家哄堂大笑。你知道他说了什么吗？

被当作搬运工的托尔斯泰

列夫·托尔斯泰是俄国最负盛名的文学家、思想家和教育家，世界文坛的巨擘。他很早就开始文学创作，19世纪50年代在《现代人》杂志上陆续发表《童年》《少年》等作品。1859年至1862年间在家乡雅斯纳亚投身教育，创办了二十多所学校，并完成了《列夫·托尔斯泰启蒙读本》的编写工作。他一生留下了《战争与和平》《安娜·卡列尼娜》《复活》等多部传世巨著。

托尔斯泰出身贵族，久负盛名，但他却平易近人、和蔼可亲，十分喜欢和平民百姓在一起，从不摆大作家的架子。一次，他长途旅行时，路过一个小火车站。他想到车站上走走，便来到月台上。此时恰逢一列客车正要开动，汽笛已经拉响，托尔斯泰正在月台上慢慢踱步。忽然，一位女士从列车车窗冲他直喊：“老头儿！老头儿！快替我到候车室把我的手提包取来，我忘记提过来了。”原来，这位女士见托尔斯泰衣着简朴，还沾了不少尘土，把他当做车站的搬运工了。托尔斯泰急忙跑进候车室拿来提包，递给了这位女士。女士感激地说：“谢谢啦！”随手递给托尔斯泰一枚硬币，“这是赏给你的。”托尔斯泰接过硬币，瞧了瞧，装进了口袋。

正巧，女士身边有个旅客认出了这个风尘仆仆的“搬运工”，就大声对女士叫道：“太太，您知道您赏钱给谁了吗？他就是列夫·托尔斯泰呀！”“啊！老天爷呀！”女士惊呼起来，“我这是在干什么呀？”她对托尔斯泰急切地解释说：“托尔斯泰先生！托尔斯泰先生！看在上帝的面儿上，请别计较！请把硬币还给我吧，我怎么会给您小费，多不好意思！我这是干出什么事来啦？”“太太，您干吗这么激动？”托尔斯泰平静地说，“您又没做什么坏事！这个硬币是我挣来的，我是不会还给您的。”说着托尔斯泰笑了笑，汽笛再次长鸣，列车缓缓开动，带走了那位惶惑不安的女士。托尔斯泰微笑着目送列车远去，又继续他的旅行了。

【文海拾贝】 托尔斯泰讲过一则人生寓言：一个流浪者被一头猛兽紧追不舍，在天地之间无处逃遁，忽然看见一眼枯井，随即跳入，却发现井底有一巨蟒正张开血盆大口。于是他只能抓住一根藤条悬于井壁。上有猛兽，下有巨蟒，流浪者在两难之际抬头看见一只老鼠正在啃咬那根悬空的藤条，眼看就要将藤条咬断。此时他还发现藤叶上有一滴甜美的蜂蜜，于是他就伸出舌头去舔那滴蜂蜜，说不出的甜美让他忘记了一切。托尔斯泰说："这一切不是寓言，却是无法否认的现实。"

【勤学好思】 除了几部世界闻名的长篇小说以外，托尔斯泰还创作了许多寓意深刻的寓言，读来发人深省，让人受益匪浅。阅读几篇他的寓言，选择一则写出你的心得与体会。